《物流自动化技术及应用》配套实训教材(活页式)

新编21世纪高等职业教育精品教材 ◆ 物流类

物流自动化技术及应用实训手册

WULIU ZIDONGHUA JISHU JI YINGYONG SHIXUN SHOUCE

主　编　阮旭艳

副主编　黄　蓉　施　佳　苏运春　李淑华　梁冬梅

中国人民大学出版社

·北京·

图书在版编目（CIP）数据

物流自动化技术及应用实训手册 / 阮旭艳主编 . 北京 ：中国人民大学出版社，2025．1．--（新编 21 世纪高等职业教育精品教材．物流类）．-- ISBN 978-7-300-32902-4

Ⅰ．F253.9

中国国家版本馆 CIP 数据核字第 2024097A01 号

《物流自动化技术及应用》配套实训教材（活页式）

新编 21 世纪高等职业教育精品教材 · 物流类

物流自动化技术及应用实训手册

主　编　阮旭艳

副主编　黄　蓉　施　佳　苏运春　李淑华　梁冬梅

Wuliu Zidonghua Jishu ji Yingyong Shixun Shouce

出版发行	中国人民大学出版社		
社　　址	北京中关村大街 31 号	**邮政编码**	100080
电　　话	010－62511242（总编室）		010－62511770（质管部）
	010－82501766（邮购部）		010－62514148（门市部）
	010－62515195（发行公司）		010－62515275（盗版举报）
网　　址	http://www.crup.com.cn		
经　　销	新华书店		
印　　刷	中煤（北京）印务有限公司		
开　　本	787 mm × 1092 mm　1/16	**版　　次**	2025 年 1 月第 1 版
印　　张	7.75 插页 1	**印　　次**	2025 年 1 月第 1 次印刷
字　　数	150 000	**定　　价**	38.00 元

前 言

党的二十大报告指出，加快发展物联网，建设高效顺畅的流通体系，降低物流成本。物流自动化系统具有现代自动化科学的显著特点，是集光、机、电、液、气为一体的大型复杂系统，包括所需输送的物料和相关设备、输送工具、仓储设施、人员及通信联系等若干相互制约的动态要素，能够实现物料运输、识别、分拣、堆码、仓储、检索、发售等各个环节的全过程自动化作业，是现代物流装备、计算机及其网络系统、信息识别和信息管理系统、智能控制系统的有机集成。

本书是高等职业技术院校物流工程和物流管理等相关专业的实训实践指导用书，与阮旭艳主编教材《物流自动化技术及应用》配套使用效果更佳。本书采用项目式工作手册模式编写设计，具有较强的针对性和实践性，让学生在学习理论知识的同时很好地进行实践应用，提高学习效率。本书可以帮助学生巩固所掌握的物流自动化系统相关理论知识，同时通过实践案例将理论知识应用于实践，并在每个任务中融入课程思政内容，培养学生的学习能力和实践能力，进而培养学生勤于思考的优良品质以及吃苦耐劳的劳动精神。

本书由六个项目组成，包括项目一物流自动化认知，由阮旭艳编写；项目二物流自动化机械设备、项目三物流自动化信息技术，由黄蓉、阮旭艳编写；项目四物流自动化电气控制技术，由施佳、阮旭艳编写；项目五物流自动化系统及分类，由阮旭艳编写；项目六物流自动化应用及实践典型案例，由苏运春、阮旭艳编写。全书由阮旭艳负责审稿核定。

本书是在云南中德职业教育数字化学习平台课程资源建设背景下编写的教材。感谢一起参与教材编写和课程资源建设的黄蓉老师、施佳老师、苏运春高级工程师；同时感谢为本书编写提供思路和支持的李淑华副教授、梁冬梅副教授，他们为本书的编写提供了灵感和思路。在本书编写过程中，编者引用了一些专家学者和同行的研究成果，在此表示衷心的感谢！

因编者水平有限，书中错误之处在所难免，敬请读者批评指正。

编者

目　录

项目一　物流自动化认知

任务一　物流自动化系统的构成要素

班级：__________

姓名：__________

日期：__________

导学地图

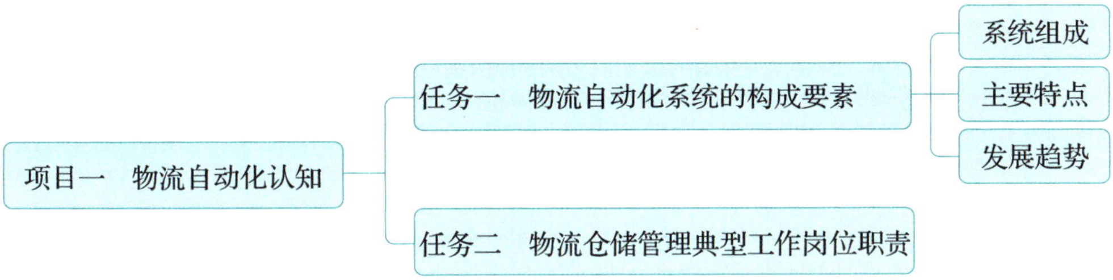

学习目标

通过本任务的学习，学生应达到如下目标：

知识目标	技能目标	能力目标	素质目标
1. 认知物流与物流系统 2. 熟悉常见的物流自动化系统，包括社会物流和生产物流 3. 掌握物流自动化系统的基本组成 4. 了解物流自动化先进技术及发展趋势	1. 能区分自动化与物流自动化技术 2. 能根据不同的工作领域选择物流自动化系统	1. 具备发现问题→分析问题→解决问题的能力 2. 具备将理论知识迁移到实践的能力	1. 培养学习新事物的能力 2. 养成良好的职业道德，认真对待学习和工作 3. 培养正确的世界观、人生观、价值观

任务引入

顺达物流股份有限公司成立于 2015 年，其业务范围涵盖支持客户战略发展及供应链管理的国际物流采购、零售物流、分销配送、VMI（供应商管理库存）等项目型物流服务，以及面向客户基础物流需求的拖车、代订舱、仓储、配送、报关、报检、保险等服务。公司有超过 1 000 辆运输车辆、多艘集装箱驳船、逾 3 万平方米保税监管仓库、9 家子公司与分公司及近 20 家办事处，以及覆盖 50 多个国家的稳定代理网络。小华是该公司刚入职的新员工，在仓储管理部担任助理工程师一职。这两年受一些因素影响，公司整体业务有一定萎缩，领导要求小华对公司仓储物流自动化系统应用情况进行分析，找出系统运行过程中存在的问题，以便及时优化物流自动化系统，降低运营成本，提升管理水平。小华该如何操作呢？

项目一　物流自动化认知	班级：________
任务一　物流自动化系统的构成要素	姓名：________ 日期：________

任务分组

<table>
<tr><td>班级</td><td></td><td>组号</td><td></td><td>组长</td><td></td></tr>
<tr><td rowspan="6">小组成员</td><td>姓名</td><td>学号</td><td>姓名</td><td colspan="2">学号</td></tr>
<tr><td></td><td></td><td></td><td colspan="2"></td></tr>
<tr><td></td><td></td><td></td><td colspan="2"></td></tr>
<tr><td></td><td></td><td></td><td colspan="2"></td></tr>
<tr><td></td><td></td><td></td><td colspan="2"></td></tr>
<tr><td></td><td></td><td></td><td colspan="2"></td></tr>
<tr><td colspan="6">任务分工：</td></tr>
</table>

项目一　物流自动化认知

任务一　物流自动化系统的构成要素

班级：________

姓名：________

日期：________

工作准备

1. 准备流程

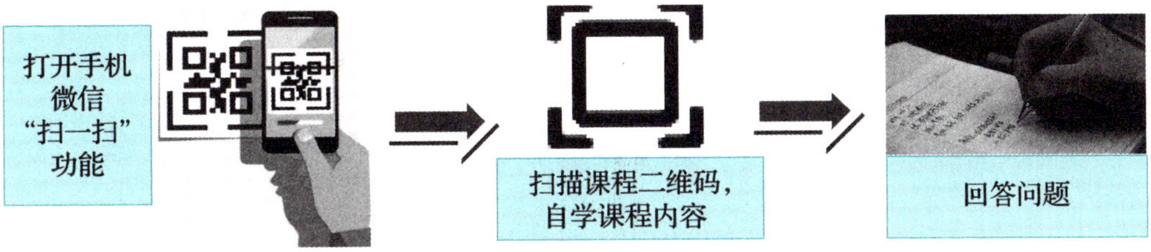

2. 知识链接

物流自动化系统的构成要素

3. 回答引导问题

引导问题 1：什么是物流？请列举生活中的物流实例。

答：

引导问题 2：什么是物流系统？物流系统与物流自动化系统有什么区别？

答：

班级：__________

姓名：__________

日期：__________

引导问题 3：简述物流自动化系统的基本组成。

答：

引导问题 4：物流自动化系统行业未来发展趋势是怎样的？

答：

项目一　物流自动化认知

任务一　物流自动化系统的构成要素

班级：________

姓名：________

日期：________

工作实施

1. 实施流程

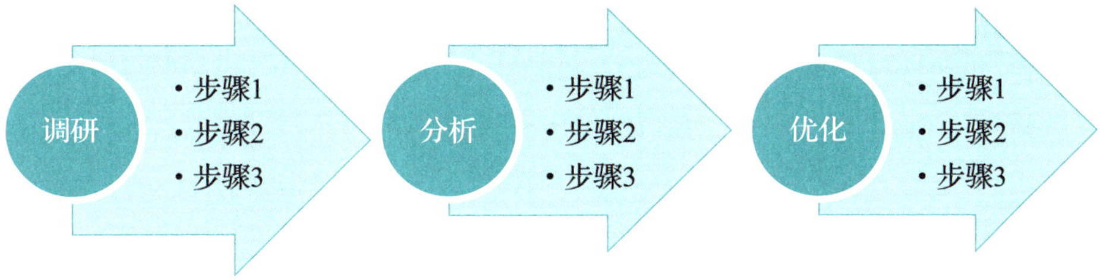

2. 实施步骤

（1）小组分工合作，调研某一物流公司的物流自动化系统运营现状。

答：

（2）请找出所调研物流公司的物流自动化系统运行中存在的问题。

答：

（3）请写出所调研物流公司物流自动化系统的基本组成。

答：

项目一 物流自动化认知

任务一 物流自动化系统的构成要素

班级：__________

姓名：__________

日期：__________

评价反馈

1. 评价流程

学生自评 → 教师综合评价 → 评价反馈

2. 评价表

综合评价表

<table>
<tr><td colspan="3">班级：</td><td colspan="2">姓名：</td><td colspan="2">学号：</td></tr>
<tr><td colspan="3">项目一　物流自动化认知</td><td colspan="4">任务一　物流自动化系统的构成要素</td></tr>
<tr><td colspan="2">项目</td><td>评价标准</td><td>分值</td><td>学生自评</td><td colspan="2">教师评价</td></tr>
<tr><td colspan="2">考勤</td><td>未出现无故迟到、早退、旷课现象</td><td>10</td><td></td><td colspan="2"></td></tr>
<tr><td rowspan="5">工作过程</td><td>引导问题 1：什么是物流？请列举生活中的物流实例。</td><td>能将物流与生活实际联系起来</td><td>10</td><td></td><td colspan="2"></td></tr>
<tr><td>引导问题 2：什么是物流系统？物流系统与物流自动化系统有什么区别？</td><td>认识物流自动化系统，能说出物流系统与物流自动化系统的区别</td><td>20</td><td></td><td colspan="2"></td></tr>
<tr><td>引导问题 3：简述物流自动化系统的基本组成。</td><td>能说出不同应用领域物流自动化系统的基本组成，以及社会物流和生产物流的自动化系统有什么不同</td><td>30</td><td></td><td colspan="2"></td></tr>
<tr><td>引导问题 4：物流自动化系统行业未来发展趋势是怎样的？</td><td>了解物流自动化系统的发展趋势</td><td>10</td><td></td><td colspan="2"></td></tr>
<tr><td colspan="6" style="display:none"></td></tr>
<tr><td rowspan="4">任务成果</td><td>工作态度</td><td>态度端正，工作认真，不会的问题能主动提问</td><td>5</td><td></td><td colspan="2"></td></tr>
<tr><td>工作完整</td><td>能按时完成任务</td><td>5</td><td></td><td colspan="2"></td></tr>
<tr><td>工作规范</td><td>能按规范要求梳理物流自动化系统的构成要素</td><td>5</td><td></td><td colspan="2"></td></tr>
<tr><td>成果展示</td><td>能准确表达、汇报工作成果</td><td>5</td><td></td><td colspan="2"></td></tr>
<tr><td colspan="3">合计</td><td>100</td><td></td><td colspan="2"></td></tr>
<tr><td rowspan="2">综合评价</td><td>自评 ×40%</td><td>教师评价 ×60%</td><td colspan="4">综合得分</td></tr>
<tr><td></td><td></td><td colspan="4"></td></tr>
</table>

项目一　物流自动化认知

任务二　物流仓储管理典型工作岗位职责

班级：__________
姓名：__________
日期：__________

导学地图

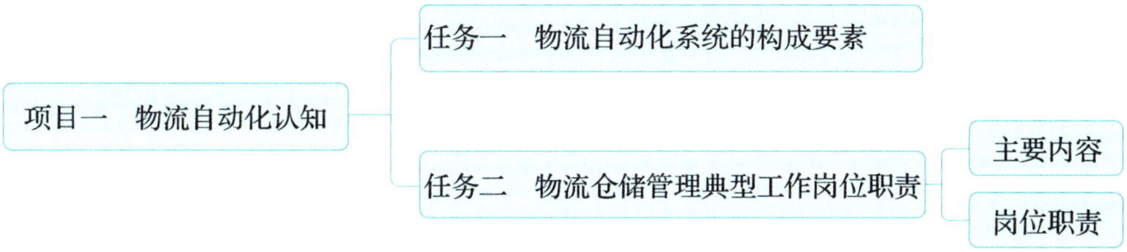

学习目标

通过本任务的学习，学生应达到如下目标：

知识目标	技能目标	能力目标	素质目标
1. 认知物流仓储管理典型工作岗位 2. 熟悉物流仓储管理典型工作岗位的能力要求 3. 通过认知仓储管理典型工作岗位，拓展认知物流相关岗位能力要求	具备胜任物流仓储管理典型工作岗位的技能	1. 具备发现问题→分析问题→解决问题的能力 2. 具备胜任物流仓储管理典型工作岗位的能力	1. 培养学习新事物的能力 2. 培养良好的职业道德，以及踏实认真、积极努力的工作作风 3. 培养正确的世界观、人生观、价值观

任务引入

时光荏苒，岁月如梭，转眼又到了毕业季，大部分同学都会离开校园、踏入社会，很多人面临着工作选择的茫然和就业阶段的焦虑。就业对每个学生来说都意味着新的机遇和挑战。小东作为物流专业的学生，即将毕业走上工作岗位。身边的同学都在找工作，大家都在为选择哪个工作岗位而烦恼，小东同样也很困惑和纠结。在找工作的过程中，仅靠那一纸文凭是不够的，还需要充分的准备、足够的耐心和坚持不懈的努力，以及面对找工作时所遇到的困难的正确态度。下面，就让我们和小东一起学习物流相关岗位知识，并认知物流各岗位能力需求，做足准备迎接新的挑战！

项目一　物流自动化认知

任务二　物流仓储管理典型工作岗位职责

班级：＿＿＿＿＿＿
姓名：＿＿＿＿＿＿
日期：＿＿＿＿＿＿

任务分组

<table>
<tr><td>班级</td><td></td><td>组号</td><td></td><td>组长</td><td></td></tr>
<tr><td rowspan="6">小组成员</td><td>姓名</td><td>学号</td><td>姓名</td><td colspan="2">学号</td></tr>
<tr><td></td><td></td><td></td><td colspan="2"></td></tr>
<tr><td></td><td></td><td></td><td colspan="2"></td></tr>
<tr><td></td><td></td><td></td><td colspan="2"></td></tr>
<tr><td></td><td></td><td></td><td colspan="2"></td></tr>
<tr><td></td><td></td><td></td><td colspan="2"></td></tr>
<tr><td colspan="6">任务分工：</td></tr>
</table>

项目一　物流自动化认知	班级：________
任务二　物流仓储管理典型工作岗位职责	姓名：________ 日期：________

工作准备

1. 准备流程

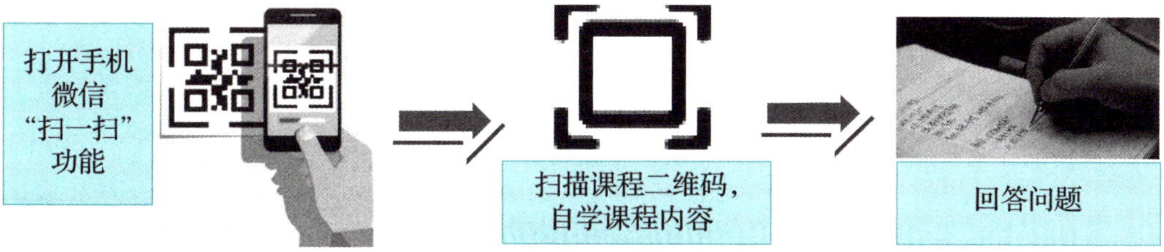

2. 知识链接

物流仓储管理典型工作岗位职责

3. 回答引导问题

引导问题 1：物流仓储管理的作用和意义是什么？

答：

引导问题 2：仓储管理的主要内容是什么？

答：

项目一　物流自动化认知	班级：＿＿＿＿＿＿
任务二　物流仓储管理典型工作岗位职责	姓名：＿＿＿＿＿＿ 日期：＿＿＿＿＿＿

引导问题 3：仓储调度岗位职责和物流调度岗位职责有什么相同和不同之处？

答：

项目一　物流自动化认知

任务二　物流仓储管理典型工作岗位职责

班级：________

姓名：________

日期：________

工作实施

1. 实施流程

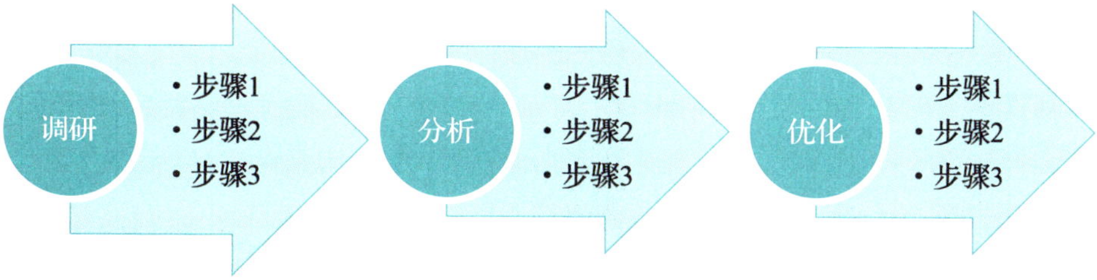

2. 实施步骤

（1）小组分工合作，调研某一物流公司岗位设置情况。

答：

（2）分析所调研物流公司岗位设置情况及员工履职情况。

答：

（3）请写出所调研物流公司物流仓储管理典型工作岗位职责。

答：

项目一　物流自动化认知

任务二　物流仓储管理典型工作岗位职责

班级：__________
姓名：__________
日期：__________

评价反馈

1. 评价流程

学生自评 → 教师综合评价 → 评价反馈

2. 评价表

综合评价表

班级：		姓名：	学号：		
项目一　物流自动化认知		任务二　物流仓储管理典型工作岗位职责			
项目		评价标准	分值	学生自评	教师评价
考勤		未出现无故迟到、早退、旷课现象	10		
工作过程	引导问题 1：物流仓储管理的作用和意义是什么？	了解物流仓储管理的作用和意义	20		
	引导问题 2：仓储管理的主要内容是什么？	了解仓储管理的主要内容	20		
	引导问题 3：仓储调度岗位职责和物流调度岗位职责有什么相同和不同之处？	知道物流仓储管理不同工作岗位职责间的联系和区别	30		
任务成果	工作态度	态度端正，工作认真，不会的问题能主动提问	5		
	工作完整	能按时完成任务	5		
	工作规范	能按规范要求梳理物流仓储管理典型工作岗位职责	5		
	成果展示	能准确表达、汇报工作成果	5		
合计			100		
综合评价	自评 ×40%	教师评价 ×60%	综合得分		

项目小结

项目二　物流自动化机械设备

任务一　仓储系统设备

班级：____________
姓名：____________
日期：____________

导学地图

- 项目二　物流自动化机械设备
  - 任务一　仓储系统设备
    - 托盘
    - 货架
    - 输送机
  - 任务二　装卸搬运设备
  - 任务三　集装箱及其设备

学习目标

通过本任务的学习，学生应达到如下目标：

知识目标	技能目标	能力目标	素质目标
1. 了解仓储系统设备的定义、作用和分类 2. 掌握托盘、货架、输送机的特点、功能和应用场景	1. 能够说明仓储系统设备的分类 2. 能够根据物料选择合适的托盘、货架和输送机 3. 熟悉各种仓储系统设备并掌握其用途	1. 具备发现问题→分析问题→解决问题的能力 2. 具备使用和管理仓储系统设备的能力	1. 培养学习新事物的能力 2. 培养良好的职业道德，以及踏实认真、积极努力的工作作风 3. 培养正确的世界观、人生观、价值观

任务引入

众所周知，物流成本居高不下一直是我国制造业的一大难题，因此，以现代化、自动化的物流装备提升传统产业竞争力，推动“技术红利”替代“人口红利”，近年来已经成为我国制造业降低经营成本、提升市场竞争力的必然选择。尤其是电商业务量的高速增长，不仅能够促进物流信息化、标准化、机械化、自动化发展，也将推动传统物流产业转型升级，这都为物流技术装备市场带来了新的机遇。

项目二 物流自动化机械设备

任务一 仓储系统设备

班级：____________
姓名：____________
日期：____________

华兴智能装备技术有限公司主营自动化物流成套设备的销售、安装及售后服务，以及供应链管理系统、信息集成系统、工业自动控制系统的设计、生产、销售、安装调试、维护、技术咨询和培训服务等。李雪作为该公司的实习生，目前在销售部轮岗。今天，销售部接到下个月参加中国（广州）国际物流装备与技术展览会的通知，主管让李雪随团队一起参加。因此，她必须全面了解参展设备的相关信息，做好准备。接下来就让我们和李雪一起学习仓储系统设备的相关知识吧！

项目二　物流自动化机械设备

任务一　仓储系统设备

班级：________
姓名：________
日期：________

任务分组

班级		组号		组长	
小组成员	姓名	学号	姓名	学号	

任务分工：

项目二　物流自动化机械设备	班级：________
任务一　仓储系统设备	姓名：________ 日期：________

工作准备

1. 准备流程

2. 知识链接

仓储系统设备

3. 回答引导问题

引导问题 1：什么是仓储系统设备？仓储系统一般需要哪些设备？

答：

引导问题 2：简要说明平托盘、柱式托盘、箱式托盘、轮式托盘的结构特点和应用场景。

答：

项目二 物流自动化机械设备

任务一 仓储系统设备

班级：____________

姓名：____________

日期：____________

引导问题 3：货架的作用及功能有哪些？结合实际说说仓储系统中常见的货架类型。

答：

引导问题 4：什么是输送机？输送机有什么特点？请列举 2 ～ 3 种物流配送中心常用的输送机。

答：

项目二　物流自动化机械设备

任务一　仓储系统设备

班级：________

姓名：________

日期：________

工作实施

1. 实施流程

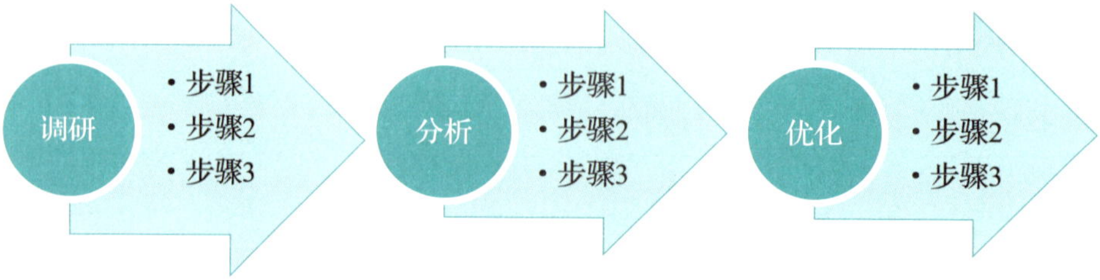

2. 实施步骤

通过物流设备网、阿里巴巴等平台及其他网络渠道获取信息，记录典型仓储系统设备的产品名称、生产厂家、规格型号、主要参数等信息，同时，了解典型仓储系统设备的应用场景和发展趋势。

（1）典型仓储系统设备——托盘的调查结果。

托盘调查表

产品名称		
生产厂家		
规格型号		
主要参数	重量参数	
	尺寸参数	
	性能参数	
应用场景		
发展趋势		

（2）典型仓储系统设备——货架的调查结果。

项目二　物流自动化机械设备

任务一　仓储系统设备

班级：________

姓名：________

日期：________

货架调查表

产品名称		
生产厂家		
规格型号		
主要参数	重量参数	
	尺寸参数	
	性能参数	
应用场景		
发展趋势		

（3）典型仓储系统设备——输送机的调查结果。

输送机调查表

产品名称		
生产厂家		
规格型号		
主要参数	重量参数	
	尺寸参数	
	性能参数	
应用场景		
发展趋势		

（4）整理资料，小组合理分工完成 PPT 制作并进行课堂展示。

项目二　物流自动化机械设备	班级：________
任务一　仓储系统设备	姓名：________ 日期：________

评价反馈

1. 评价流程

学生自评 → 教师综合评价 → 评价反馈

2. 评价表

综合评价表

班级：		姓名：	学号：		
项目二　物流自动化机械设备		任务一　仓储系统设备			
项目		评价标准	分值	学生自评	教师评价
考勤		未出现无故迟到、早退、旷课现象	10		
工作过程	引导问题 1 ～ 4	能够通过在线学习完成引导问题的回答	10		
	实施步骤（1）：托盘的调查	能够完成托盘的调查与分析	15		
	实施步骤（2）：货架的调查	能够完成货架的调查与分析	15		
	实施步骤（3）：输送机的调查	能够完成输送机的调查与分析	15		
	实施步骤（4）：小组汇报	能够按要求完成小组汇报	15		
任务成果	工作态度	态度端正，工作认真，不会的问题能主动提问	5		
	工作完整	能按时完成任务	5		
	工作规范	能按规范要求绘制仓储系统设备简图	5		
	成果展示	能准确表达、汇报工作成果	5		
合计			100		
综合评价	自评 ×40%	教师评价 ×60%	综合得分		

项目二　物流自动化机械设备

任务二　装卸搬运设备

班级：________
姓名：________
日期：________

导学地图

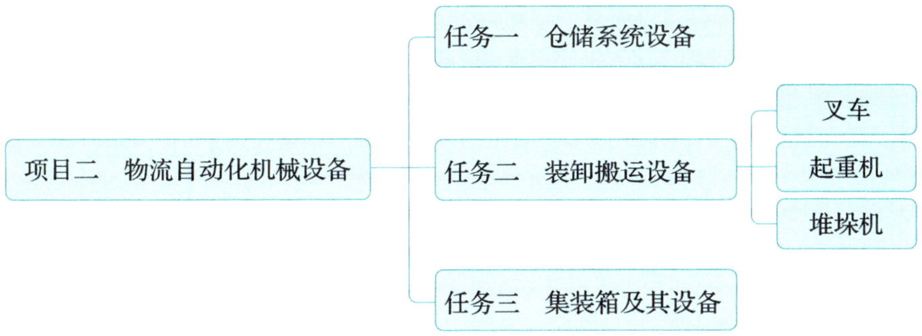

学习目标

通过本任务的学习，学生应达到如下目标：

知识目标	技能目标	能力目标	素质目标
1. 了解装卸搬运设备的定义和特点 2. 熟悉装卸搬运设备的作用和类型 3. 掌握各种装卸搬运设备的特点和应用场景	1. 能够说明装卸搬运设备的分类 2. 能够根据物料选择合适的装卸搬运设备 3. 熟悉常见的装卸搬运设备并掌握其用途 4. 能够操作简单的装卸搬运设备	1. 具备发现问题→分析问题→解决问题的能力 2. 具备使用和管理装卸搬运设备的能力	1. 培养学习新事物的能力 2. 培养良好的职业道德，以及踏实认真、积极努力的工作作风 3. 培养正确的世界观、人生观、价值观

任务引入

在上一个任务中，我们学习了三种典型的仓储系统设备——托盘、货架、输送机的相关知识。本任务我们将学习装卸搬运设备的定义、分类、结构特征、主要参数和选用原则等内容。完成本任务后，学生应能够掌握主要装卸搬运设备的基本特点和适用范围，并能根据不同作业情景选择合适的装卸搬运设备。

项目二　物流自动化机械设备	班级：________
任务二　装卸搬运设备	姓名：________
	日期：________

任务分组

<table>
<tr><td>班级</td><td></td><td>组号</td><td></td><td>组长</td><td></td></tr>
<tr><td rowspan="6">小组成员</td><td>姓名</td><td>学号</td><td>姓名</td><td colspan="2">学号</td></tr>
<tr><td></td><td></td><td></td><td colspan="2"></td></tr>
<tr><td></td><td></td><td></td><td colspan="2"></td></tr>
<tr><td></td><td></td><td></td><td colspan="2"></td></tr>
<tr><td></td><td></td><td></td><td colspan="2"></td></tr>
<tr><td></td><td></td><td></td><td colspan="2"></td></tr>
<tr><td colspan="6">任务分工：</td></tr>
</table>

项目二　物流自动化机械设备

任务二　装卸搬运设备

班级：________
姓名：________
日期：________

工作准备

1. 准备流程

打开手机微信“扫一扫”功能

→

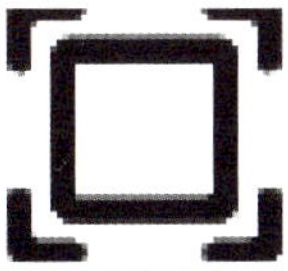

扫描课程二维码，自学课程内容

→

回答问题

2. 知识链接

装卸搬运设备

3. 回答引导问题

引导问题 1：什么是叉车？叉车主要由哪些部分组成？

答：

引导问题 2：起重机主要由哪些部分组成？常用的起重机有哪些？

答：

项目二　物流自动化机械设备	班级：________
任务二　装卸搬运设备	姓名：________ 日期：________

引导问题 3：堆垛机有什么特点？你如何理解巷道式堆垛机是自动化立体仓库的关键设备？

答：

引导问题 4：云南某商贸有限公司有一间空置的单层厂房，现计划将其改造为一间仓库出租给某知名饮料公司，作为该公司在当地的零售配送仓库。经过前期的土建改造，该厂房已改建成为整体高度为 9 米的单层仓库，库内净高 7.5 米，库房总建筑面积约 8 000 平方米。根据下表信息，请分析该仓库的装卸搬运作业流程，为其选配合适的装卸搬运设备并说明理由。

仓库及货物信息表

货物包装情况	存储货物为该公司的各种饮料，主要以箱为单位，包装材料主要为瓦楞纸、塑料薄膜等，单件包装箱形状为矩形
作业量情况	饮料为快速消费品，需求量较大，特别是在夏季需求量大增，因此将会有大量货物运达本仓库；而本仓库又是零售配送型仓库，需要负责本地区几十家终端零售商店各种饮料的配送工作
运动形式	本仓库采用的货架为多层货架，因此货物运动为水平、垂直运动
运送距离	运送距离为本仓库内

答：

项目二　物流自动化机械设备	班级：________
任务二　装卸搬运设备	姓名：________
	日期：________

工作实施

1. 实施流程

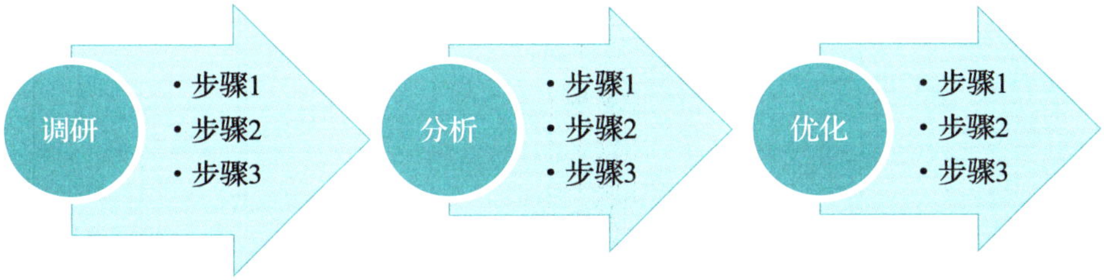

2. 实施步骤

通过物流设备网、阿里巴巴等平台及其他网络渠道获取信息，记录典型装卸搬运设备的产品名称、生产厂家、规格型号、主要参数等信息，同时，了解典型装卸搬运设备的应用场景和发展趋势。

（1）典型装卸搬运设备——叉车的调查结果。

叉车调查表

产品名称		
生产厂家		
规格型号		
主要参数	重量参数	
	尺寸参数	
	性能参数	
应用场景		
发展趋势		

（2）典型装卸搬运设备——起重机的调查结果。

项目二 物流自动化机械设备

任务二 装卸搬运设备

班级：______
姓名：______
日期：______

起重机调查表

产品名称		
生产厂家		
规格型号		
主要参数	重量参数	
	尺寸参数	
	性能参数	
应用场景		
发展趋势		

（3）典型装卸搬运设备——堆垛机的调查结果。

堆垛机调查表

产品名称		
生产厂家		
规格型号		
主要参数	重量参数	
	尺寸参数	
	性能参数	
应用场景		
发展趋势		

（4）整理资料，小组合理分工完成 PPT 制作并进行课堂展示。

项目二　物流自动化机械设备

任务二　装卸搬运设备

班级：____________
姓名：____________
日期：____________

评价反馈

1. 评价流程

学生自评 → 教师综合评价 → 评价反馈

2. 评价表

综合评价表

班级：	姓名：	学号：			
项目二　物流自动化机械设备		任务二　装卸搬运设备			
项目		评价标准	分值	学生自评	教师评价
考勤		未出现无故迟到、早退、旷课现象	10		
工作过程	引导问题 1 ～ 4	能够通过在线学习完成引导问题的回答	10		
	实施步骤（1）：叉车的调查	能够完成叉车的调查与分析	15		
	实施步骤（2）：起重机的调查	能够完成起重机的调查与分析	15		
	实施步骤（3）：堆垛机的调查	能够完成堆垛机的调查与分析	15		
	实施步骤（4）：小组汇报	能够按要求完成小组汇报	15		
任务成果	工作态度	态度端正，工作认真，不会的问题能主动提问	5		
	工作完整	能按时完成任务	5		
	工作规范	能按规范要求绘制装卸搬运设备简图	5		
	成果展示	能准确表达、汇报工作成果	5		
合计			100		
综合评价	自评 ×40%	教师评价 ×60%	综合得分		

项目二　物流自动化机械设备

任务三　集装箱及其设备

班级：__________

姓名：__________

日期：__________

导学地图

- 项目二　物流自动化机械设备
  - 任务一　仓储系统设备
  - 任务二　装卸搬运设备
  - 任务三　集装箱及其设备
    - 集装箱认知
    - 集装箱港口码头
    - 集装箱跨运车
    - 集装箱牵引车和挂车

学习目标

通过本任务的学习，学生应达到如下目标：

知识目标	技能目标	能力目标	素质目标
1. 了解集装箱的定义与分类 2. 掌握不同集装箱的尺寸标准、重量参数和适用范围 3. 了解集装箱码头、堆场的作业流程 4. 熟悉牵引车和挂车的特点、应用情况	1. 能够说明集装箱的功能、用途、尺寸标准 2. 能够说明牵引车和挂车的特点和作用 3. 能够根据需要收集和分析数据	1. 具备发现问题→分析问题→解决问题的能力 2. 具备选择集装箱及其设备的能力 3. 具备使用和管理集装箱及其设备的能力	1. 培养学习新事物的能力 2. 培养良好的职业道德，以及踏实认真、积极努力的工作作风 3. 培养正确的世界观、人生观、价值观

任务引入

自集装箱运输开始应用，港口装卸货时间大幅缩短，码头工人原来需要用 3 天时间装卸的货物，使用集装箱后，通常只需要 3 ～ 4 个小时就能装卸完成。集装箱的应用使得货物滞留港口的时间也大幅缩短，并且使轮船的装载量显著提升，海运成本因此得以大幅下降。所以有人说：“没有集装箱，就没有全球化。”

项目二　物流自动化机械设备

任务三　集装箱及其设备

班级：________
姓名：________
日期：________

通过任务二的学习，我们了解了叉车、起重机、堆垛机的相关知识，它们都是物流园区、配送中心和许多生产企业常用的装卸搬运设备。本任务我们将学习集装箱及其设备的种类和特征，不同集装箱的尺寸标准、重量参数和相关标识，以及集装箱码头、堆场的作业流程等内容。完成本任务后，学生应能够掌握各种集装箱的功能、用途、尺寸标准，熟悉集装箱码头和堆场的作业流程。

项目二　物流自动化机械设备	班级：________
任务三　集装箱及其设备	姓名：________ 日期：________

任务分组

班级		组号		组长	
小组成员	姓名	学号	姓名	学号	
任务分工：					

项目二　物流自动化机械设备

任务三　集装箱及其设备

班级：__________
姓名：__________
日期：__________

工作准备

1. 准备流程

打开手机微信“扫一扫”功能

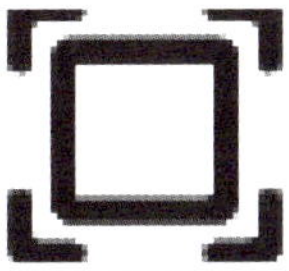

扫描课程二维码，自学课程内容

回答问题

2. 知识链接

集装箱及其设备

3. 回答引导问题

引导问题 1：集装箱有哪些种类？简述常用的集装箱规格尺寸。

答：

引导问题 2：集装箱码头有什么特点？集装箱码头主要由哪些设施构成？

答：

项目二　物流自动化机械设备

任务三　集装箱及其设备

班级：________

姓名：________

日期：________

引导问题 3：收集你见过的集装箱使用情景，简单描述集装箱的结构。

答：

引导问题 4：简述使用牵引车和挂车的优点。

答：

项目二　物流自动化机械设备

任务三　集装箱及其设备

班级：__________

姓名：__________

日期：__________

工作实施

1. 实施流程

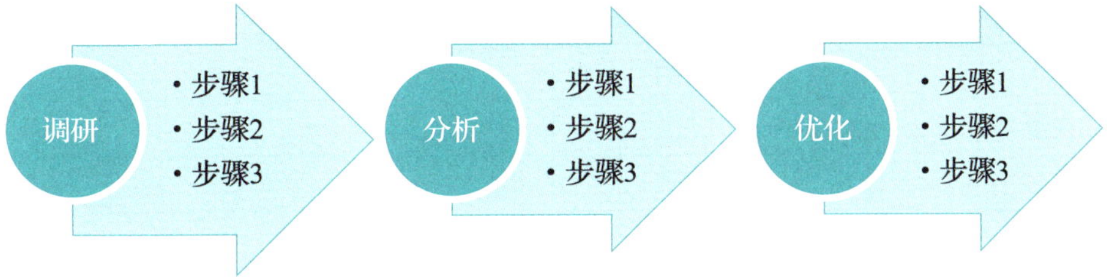

2. 实施步骤

通过物流设备网、阿里巴巴等平台及其他网络渠道获取信息，记录集装箱、牵引车与挂车的产品名称、生产厂家、规格型号、主要参数等信息，同时，了解集装箱、牵引车与挂车的应用场景和发展趋势。

（1）集装箱的调查结果。

集装箱调查表

产品名称		
生产厂家		
规格型号		
主要参数	重量参数	
	尺寸参数	
	性能参数	
应用场景		
发展趋势		

（2）牵引车的调查结果。

项目二　物流自动化机械设备	班级：________
任务三　集装箱及其设备	姓名：________ 日期：________

牵引车调查表

产品名称		
生产厂家		
规格型号		
主要参数	重量参数	
	尺寸参数	
	性能参数	
应用场景		
发展趋势		

（3）挂车的调查结果。

挂车调查表

产品名称		
生产厂家		
规格型号		
主要参数	重量参数	
	尺寸参数	
	性能参数	
应用场景		
发展趋势		

（4）整理资料，小组合理分工完成 PPT 制作并进行课堂展示。

项目二　物流自动化机械设备

任务三　集装箱及其设备

班级：________ 姓名：________ 日期：________

评价反馈

1. 评价流程

学生自评 → 教师综合评价 → 评价反馈

2. 评价表

综合评价表

班级：		姓名：	学号：		
项目二　物流自动化机械设备		任务三　集装箱及其设备			
项目		评价标准	分值	学生自评	教师评价
考勤		未出现无故迟到、早退、旷课现象	10		
工作过程	引导问题 1 ～ 4	能够通过在线学习完成引导问题的回答	10		
	实施步骤（1）：集装箱的调查	能够完成集装箱的调查与分析	15		
	实施步骤（2）：牵引车的调查	能够完成牵引车的调查与分析	15		
	实施步骤（3）：挂车的调查	能够完成挂车的调查与分析	15		
	实施步骤（4）：小组汇报	能够按要求完成小组汇报	15		
任务成果	工作态度	态度端正，工作认真，不会的问题能主动提问	5		
	工作完整	能按时完成任务	5		
	工作规范	能按规范要求绘制集装箱及其设备简图	5		
	成果展示	能准确表达、汇报工作成果	5		
合计			100		
综合评价	自评 ×40%	教师评价 ×60%	综合得分		

项目小结

项目三　物流自动化信息技术

任务一　认知物流信息技术

班级：__________
姓名：__________
日期：__________

导学地图

- 项目三　物流自动化信息技术
  - 任务一　认知物流信息技术
    - 物流信息技术的作用
    - 物流信息技术的构成
    - 应用现状与发展趋势
  - 任务二　常用数据采集技术
  - 任务三　数据传输与定位技术

学习目标

通过本任务的学习，学生应达到如下目标：

知识目标	技能目标	能力目标	素质目标
1. 了解物流信息技术的定义和作用 2. 了解物流信息技术应用现状和发展趋势	1. 能够描述物流信息技术的类型 2. 能够根据需要收集和分析数据 3. 能够撰写调研报告	1. 具备发现问题→分析问题→解决问题的能力 2. 具备应用物流信息技术解决问题的能力	1. 培养学习新事物的能力 2. 培养良好的职业道德，以及踏实认真、积极努力的工作作风 3. 培养正确的世界观、人生观、价值观

任务引入

中国（广州）国际物流装备与技术展览会是物流设备行业的专业展会，也是企业进行产品推广、业界交流、形象宣传的重要平台。华兴智能装备技术有限公司此次参展也是为了能够在这里展示公司的产品和服务，通过这一平台接触到更多的高质量客户，第一时间了解客户的需求和建议。参展重点之一就是宣传公司的物流信息技术与相关设备。李雪作为公司在展会现场的工作人员，必须全面了解参展设备的相关信息，能准确描述物流信息技术在行业中的典型应用。能根据客户实际需求选择合适的物流信息技术与设备类型及型号，这是从事物流装备相关行业的人才必须具备的基本专业素养。接下来就让我们和李雪一起学习物流信息技术的相关知识吧！

项目三　物流自动化信息技术	班级：________
任务一　认知物流信息技术	姓名：________
	日期：________

任务分组

班级		组号		组长	

小组成员

姓名	学号	姓名	学号

任务分工：

项目三　物流自动化信息技术

任务一　认知物流信息技术

班级：____________

姓名：____________

日期：____________

工作准备

1. 准备流程

打开手机微信“扫一扫”功能

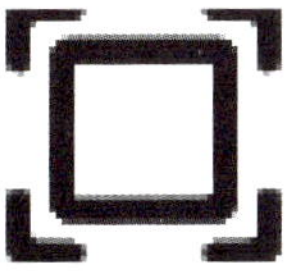

扫描课程二维码，自学课程内容

回答问题

2. 知识链接

认知物流信息技术

3. 回答引导问题

引导问题 1：信息和数据有什么区别？

答：

引导问题 2：为什么说物流信息技术是现代物流区别于传统物流的根本标志？

答：

项目三　物流自动化信息技术	班级：________
任务一　认知物流信息技术	姓名：________ 日期：________

引导问题 3：简要说明物流信息技术的应用现状。

答：

引导问题 4：联系生活实际，说说物流信息技术的发展趋势是怎样的。

答：

项目三　物流自动化信息技术	班级：________
任务一　认知物流信息技术	姓名：________ 日期：________

工作实施

1. 实施流程

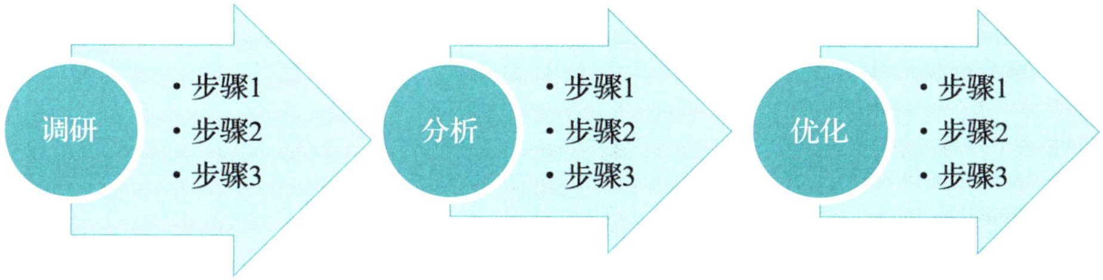

2. 实施步骤

通过网络搜索、访问企业网站、发放调查问卷、查阅相关论文和文献等方式收集资料，在了解相关内容的基础上，撰写调研报告，篇幅 2 000 ～ 3 000 字。

（1）收集相关资料，相关参考网站如下：

中国交通运输协会网站 https：//cctaw.cn

中国物流技术协会网站 https：//www.clta.org.cn

中国物流与采购联合会网站 https：//www.chinawuliu.com.cn

顺丰速运官网 https：//www.sf-express.com/chn/sc

圆通速递官网 https：//www.yto.net.cn

德邦快递官网 https：//www.deppon.com

中国邮政速递物流官网 https：//www.ems.com.cn

物流天下全国物流信息网 https：//www.56885.net

（2）设计并发放调查问卷。

可选用一款问卷调查 App，如问卷星，向你所调研的企业发放网络调查问卷，并截图展示问卷调查的结果，作为调研报告的支撑材料之一。调查问卷示例如下：

项目三　物流自动化信息技术 任务一　认知物流信息技术	班级：________ 姓名：________ 日期：________

调查问卷示例

1. 您的姓名：
2. 您所在的物流公司名称：
3. 您的职位：
4. 贵单位的所有制形式：A. 国有企业　B. 外商独资企业　C. 中外合资 / 合作企业　D. 民营企业　E. 其他 ________（请注明）
5. 贵单位目前从事的主要业务为：A. 运输　B. 装卸　C. 仓储管理　D. 流通加工　E. 包装　F. 配送　G. 物流信息技术　H. 物流金融　I. 物流地产　J. 物流与供应链咨询、设计　K. 其他 ________（请注明）
6. 目前贵单位是否建设了信息系统：
7. 该信息系统的功能有：A. 运输管理　B. 仓储管理　C. 财务管理　D. 设备管理　E. 订单处理　F. 配送管理　G. 销售管理　H. 采购管理　I. 装配和包装管理　J. 车辆监控　K. 客户查询、管理　L. 其他 ________（请注明）
该模板内容未全部列出，仅供参考，小组可讨论后自行设计调查问卷

（3）撰写调研报告，应包括以下四部分内容：

1）物流企业简介。

2）物流企业应用物流信息技术的现状（附调查数据）。

3）该企业物流信息技术应用中存在的问题及发展方向。

4）参考文献。

（4）小组合理分工完成 PPT 制作并进行课堂展示。

项目三　物流自动化信息技术

班级：____________
姓名：____________
日期：____________

任务一　认知物流信息技术

评价反馈

1. 评价流程

学生自评 → 教师综合评价 → 评价反馈

2. 评价表

综合评价表

班级：	姓名：	学号：			
项目三　物流自动化信息技术		任务一　认知物流信息技术			
项目		评价标准	分值	学生自评	教师评价
考勤		未出现无故迟到、早退、旷课现象	10		
工作过程	引导问题 1 ～ 4	能够通过在线学习完成引导问题的回答	10		
	实施步骤（1）：收集相关资料	能够完成信息收集与分析工作	15		
	实施步骤（2）：设计并发放调查问卷	能够合理设计并有效回收问卷	15		
	实施步骤（3）：撰写调研报告	能够完成调研报告的撰写	15		
	实施步骤（4）：小组汇报	能够按要求完成小组汇报	15		
任务成果	工作态度	态度端正，工作认真，不会的问题能主动提问	5		
	工作完整	能按时完成任务	5		
	工作规范	能按规范要求梳理常用的物流信息技术	5		
	成果展示	能准确表达、汇报工作成果	5		
合计			100		
综合评价	自评 ×40%	教师评价 ×60%	综合得分		

项目三　物流自动化信息技术

任务二　常用数据采集技术

班级：__________
姓名：__________
日期：__________

导学地图

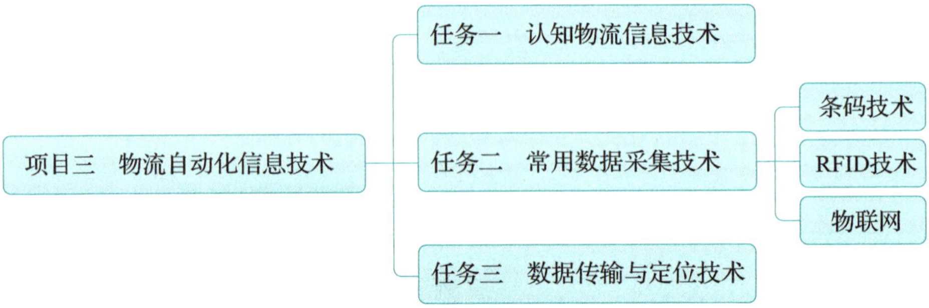

学习目标

通过本任务的学习，学生应达到如下目标：

知识目标	技能目标	能力目标	素质目标
1. 了解条码技术、RFID 技术和物联网的概念 2. 熟悉常用数据采集技术的应用情况	1. 能够辨识常用的数据采集技术设备 2. 能够描述条码技术、RFID 技术、物联网在物流中的应用场景 3. 能够掌握企业产品项目条码的设计方法	1. 具备发现问题→分析问题→解决问题的能力 2. 具备收集和分析数据的能力 3. 具备应用物流信息技术解决问题的能力	1. 培养学习新事物的能力 2. 培养良好的职业道德，以及踏实认真、积极努力的工作作风 3. 培养正确的世界观、人生观、价值观

任务引入

在上一个任务中，我们学习了什么是物流信息技术，并且了解了物流信息技术的应用现状和发展趋势。本任务我们将进一步学习常用的物流数据采集技术——条码技术、RFID 技术和物联网的相关知识。完成本任务后，学生应能够辨识常用的数据采集技术设备，掌握条码技术、RFID 技术在物流中的应用场景，明晰物联网的发展趋势，掌握企业产品项目条码的设计方法，并能够安装和操作常用的条码标签设计软件。

项目三　物流自动化信息技术	班级：________
任务二　常用数据采集技术	姓名：________ 日期：________

任务分组

<table>
<tr><td>班级</td><td></td><td>组号</td><td></td><td>组长</td><td></td></tr>
<tr><td>小组
成员</td><td colspan="5">

姓名	学号	姓名	学号

</td></tr>
<tr><td colspan="6">任务分工：</td></tr>
</table>

项目三　物流自动化信息技术

任务二　常用数据采集技术

班级：__________
姓名：__________
日期：__________

工作准备

1. 准备流程

打开手机微信“扫一扫”功能

扫描课程二维码，自学课程内容

回答问题

2. 知识链接

常用数据采集技术

3. 回答引导问题

引导问题 1：什么是条码？条码技术可以应用在物流行业的哪些方面？

答：

引导问题 2：简述射频识别系统的组成及应用范围。

答：

任务二　常用数据采集技术

班级：________

姓名：________

日期：________

引导问题 3：仔细观察本地大型超市收银台所使用的条码设备，并做相关记录。

答：

引导问题 4：请结合自己的购物体验，说说物联网在物流行业中有哪些应用。

答：

项目三　物流自动化信息技术

任务二　常用数据采集技术

班级：________　姓名：________　日期：________

工作实施

1. 实施流程

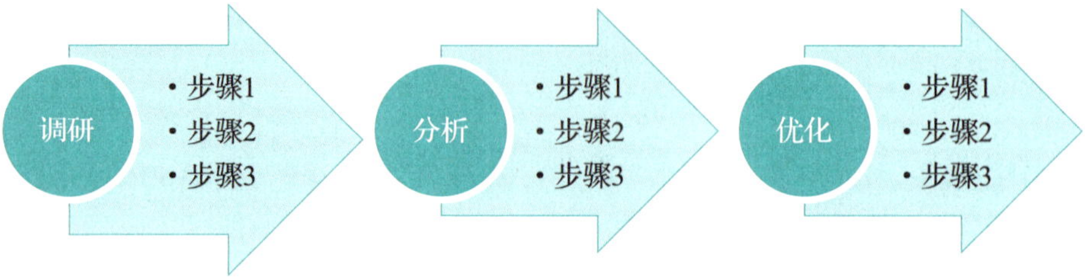

2. 实施步骤

（1）下载条码设计打印软件 BarTender 并安装。

BarTender 首页

项目三　物流自动化信息技术

任务二　常用数据采集技术

班级：____________

姓名：____________

日期：____________

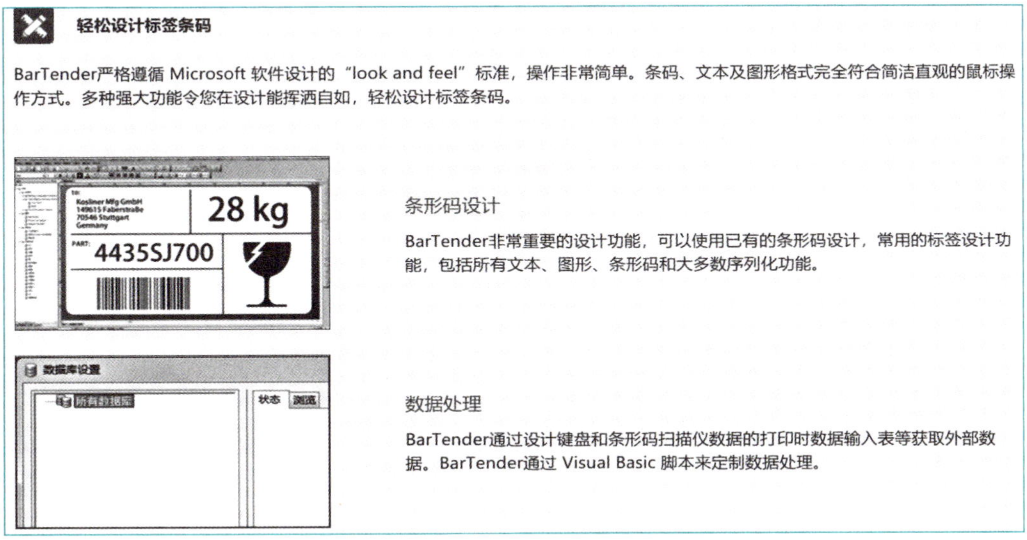

BarTender 功能页面

（2）设计条码。

自行设想企业及商品，如手机、服装、电脑等，至少包括 3 个大类、10 种以上规格型号。按照 EAN-13 码的结构，分配前缀码、厂商代码、商品项目代码和校验码，并列出商品条码设计表。标签控件最少包含 5 个，如名称、规格、单价、条码、图片等。

（3）撰写报告，应包括以下四部分内容：

1）企业及商品概况：主要商品及其分类情况。

2）EAN-13 码的设计思路和方法。

3）设计商品标签形状、布局（包含 EAN-13 码）。

4）标签的制作过程。

（4）整理并提交报告。

项目三　物流自动化信息技术	班级：________
任务二　常用数据采集技术	姓名：________ 日期：________

评价反馈

1. 评价流程

学生自评 → 教师综合评价 → 评价反馈

2. 评价表

综合评价表

<table>
<tr><td colspan="7">班级：　　　　　　　　姓名：　　　　　　　　学号：</td></tr>
<tr><td colspan="3">项目三　物流自动化信息技术</td><td colspan="4">任务二　常用数据采集技术</td></tr>
<tr><td colspan="2">项目</td><td>评价标准</td><td>分值</td><td>学生自评</td><td colspan="2">教师评价</td></tr>
<tr><td colspan="2">考勤</td><td>未出现无故迟到、早退、旷课现象</td><td>10</td><td></td><td colspan="2"></td></tr>
<tr><td rowspan="5">工作过程</td><td>引导问题 1 ～ 4</td><td>能够通过在线学习完成引导问题的回答</td><td>10</td><td></td><td colspan="2"></td></tr>
<tr><td>实施步骤（1）：下载并安装软件</td><td>能够完成相关知识的学习与软件的下载安装工作</td><td>15</td><td></td><td colspan="2"></td></tr>
<tr><td>实施步骤（2）：设计条码</td><td>能够合理设计商品条码</td><td>15</td><td></td><td colspan="2"></td></tr>
<tr><td>实施步骤（3）：撰写报告</td><td>能够完成报告的撰写</td><td>15</td><td></td><td colspan="2"></td></tr>
<tr><td>实施步骤（4）：提交报告</td><td>能够按要求完成报告</td><td>15</td><td></td><td colspan="2"></td></tr>
<tr><td rowspan="4">任务成果</td><td>工作态度</td><td>态度端正，工作认真，不会的问题能主动提问</td><td>5</td><td></td><td colspan="2"></td></tr>
<tr><td>工作完整</td><td>能按时完成任务</td><td>5</td><td></td><td colspan="2"></td></tr>
<tr><td>工作规范</td><td>能按规范要求进行条码设计</td><td>5</td><td></td><td colspan="2"></td></tr>
<tr><td>成果展示</td><td>能准确表达、汇报工作成果</td><td>5</td><td></td><td colspan="2"></td></tr>
<tr><td colspan="3">合计</td><td>100</td><td></td><td colspan="2"></td></tr>
<tr><td rowspan="2">综合评价</td><td>自评 ×40%</td><td>教师评价 ×60%</td><td colspan="4">综合得分</td></tr>
<tr><td></td><td></td><td colspan="4"></td></tr>
</table>

项目三　物流自动化信息技术	班级：__________
任务三　数据传输与定位技术	姓名：__________ 日期：__________

导学地图

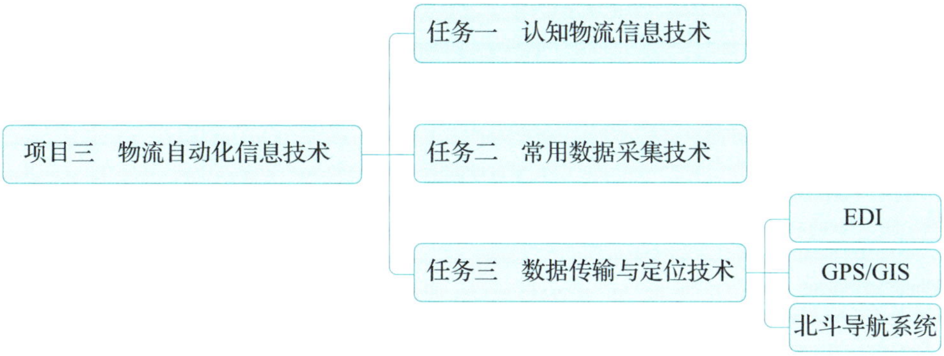

学习目标

通过本任务的学习，学生应达到如下目标：

知识目标	技能目标	能力目标	素质目标
1. 了解数据传输与定位技术的定义和特点 2. 熟悉 EDI 技术、GPS、GIS 和北斗卫星导航系统的应用情况 3. 了解 EDI 技术、GPS、GIS 和北斗卫星导航系统的现状和发展趋势	1. 能够说出 EDI、GPS、GIS 的定义 2. 能够根据需要收集和分析数据 3. 能够熟练使用北斗卫星导航系统、GIS 软件	1. 具备发现问题→分析问题→解决问题的能力 2. 具备应用数据传输与定位技术解决问题的能力	1. 培养学习新事物的能力 2. 培养良好的职业道德，以及踏实认真、积极努力的工作作风 3. 培养正确的世界观、人生观、价值观

任务引入

在上一个任务中，我们学习了常用数据采集技术——条码技术、RFID 技术和物联网的相关知识。本任务我们将学习物流运作过程中常用的数据传输与定位技术——电子数据交换技术（EDI 技术）、GPS、GIS 和北斗卫星导航系统（BDS）等的相关内容。完成本任务后，学生应能够明晰数据传输与定位技术在物流业中的应用场景，了解 EDI 技术、GPS、GIS 和北斗卫星导航系统的现状和发展趋势，并熟练使用 BDS、GIS 软件。

项目三　物流自动化信息技术	班级：________
任务三　数据传输与定位技术	姓名：________ 日期：________

任务分组

<table>
<tr><td>班级</td><td></td><td>组号</td><td></td><td>组长</td><td></td></tr>
<tr><td rowspan="6">小组成员</td><td>姓名</td><td>学号</td><td>姓名</td><td colspan="2">学号</td></tr>
<tr><td></td><td></td><td></td><td colspan="2"></td></tr>
<tr><td></td><td></td><td></td><td colspan="2"></td></tr>
<tr><td></td><td></td><td></td><td colspan="2"></td></tr>
<tr><td></td><td></td><td></td><td colspan="2"></td></tr>
<tr><td></td><td></td><td></td><td colspan="2"></td></tr>
<tr><td colspan="6">任务分工：</td></tr>
</table>

项目三 物流自动化信息技术

任务三 数据传输与定位技术

班级：____________

姓名：____________

日期：____________

工作准备

1. 准备流程

打开手机微信“扫一扫”功能

扫描课程二维码，自学课程内容

回答问题

2. 知识链接

数据传输与定位技术

3. 回答引导问题

引导问题 1：什么是 EDI？ EDI 系统由哪些要素构成？简述其工作原理。

答：

引导问题 2：GPS 系统由哪些部分组成？它在物流业中的应用情况是怎样的？

答：

项目三　物流自动化信息技术	班级：______
任务三　数据传输与定位技术	姓名：______
	日期：______

引导问题 3：GIS 的基本功能有哪些？它在物流业中有哪些应用？

答：

引导问题 4：简述北斗卫星导航系统的发展历程。

答：

项目三　物流自动化信息技术

任务三　数据传输与定位技术

班级：____________

姓名：____________

日期：____________

工作实施

1. 实施流程

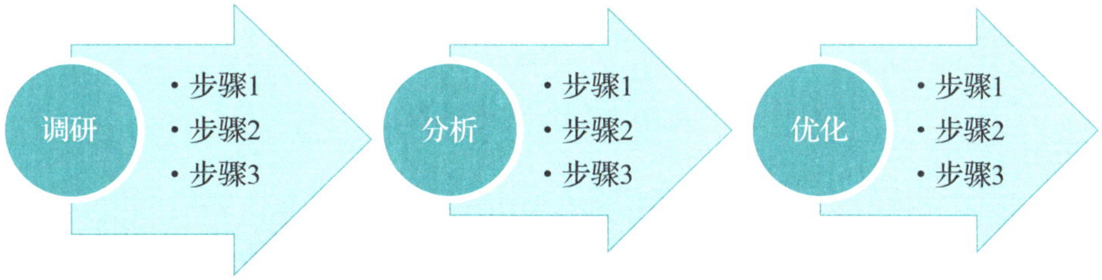

2. 实施步骤

（1）下载并安装软件。

通过官网 http：//www.tuxingis.com/locaspace.html 下载图新地球，熟悉其界面及功能。

下载图新地球

（2）进行软件操作。

完成 3 ～ 5 个常见地点（所在位置、家、学校等）的搜索、标记、地理信息记录，以及 2 ～ 3 条线路的规划。

项目三　物流自动化信息技术	班级：________
任务三　数据传输与定位技术	姓名：________ 日期：________

（3）了解常用的定位系统。

通过使用图新地球软件，了解定位系统的功能以及操作方法。通过网络搜索了解常用定位系统的分类、特点以及应用场合。

（4）完成软件操作并填制表格。

图新地球软件操作情况

1. 软件的主要功能	
2. 操作过程	
3. 常用定位系统	
4. 不同定位系统的特点	
5. 在物流行业中的应用案例	

项目三　物流自动化信息技术

班级：＿＿＿＿＿＿
姓名：＿＿＿＿＿＿
日期：＿＿＿＿＿＿

任务三　数据传输与定位技术

评价反馈

1. 评价流程

学生自评 → 教师综合评价 → 评价反馈

2. 评价表

综合评价表

班级：		姓名：	学号：		
项目三　物流自动化信息技术			任务三　数据传输与定位技术		
项目		评价标准	分值	学生自评	教师评价
考勤		未出现无故迟到、早退、旷课现象	10		
工作过程	引导问题 1 ～ 4	能够通过在线学习完成引导问题的回答	10		
	实施步骤（1）：下载并安装软件	能够完成软件的下载和安装	15		
	实施步骤（2）：软件操作	能够完成线路的规划	15		
	实施步骤（3）：了解常用的定位系统	能够完成信息收集与分析工作	15		
	实施步骤（4）：填制表格	能够按要求填制表格	15		
任务成果	工作态度	态度端正，工作认真，不会的问题能主动提问	5		
	工作完整	能按时完成任务	5		
	工作规范	能按规范要求操作 BDS、GIS 软件	5		
	成果展示	能准确表达、汇报工作成果	5		
合计			100		
综合评价	自评 ×40%	教师评价 ×60%	综合得分		

项目小结

项目四　物流自动化电气控制技术

任务一　低压控制电器及电机驱动技术

班级：__________

姓名：__________

日期：__________

导学地图

- 项目四　物流自动化电气控制技术
  - 任务一　低压控制电器及电机驱动技术
    - 低压控制电器
    - 电机驱动装置
  - 任务二　PLC编程技术
  - 任务三　监控组态技术
  - 任务四　现场总线技术

学习目标

通过本任务的学习，学生应达到如下目标：

知识目标	技能目标	能力目标	素质目标
1. 认知物流自动化中的电气控制系统 2. 熟悉物流自动化中常用的低压控制电器的基本结构 3. 掌握物流自动化中常用的低压控制电器的功能 4. 了解常用电机的工作原理	1. 能说出基本的物流自动化电气控制技术 2. 熟知低压控制电器的基本结构 3. 能绘制基本的电气控制电路 4. 能绘制物流自动化中常用的低压控制电器的电气符号	1. 具备发现问题→分析问题→解决问题的能力 2. 具备熟练使用低压控制电器的能力 3. 具备解决基本电气控制电路问题的能力	1. 培养学习新事物的能力 2. 培养良好的职业道德，以及踏实认真、积极努力的工作作风 3. 培养正确的世界观、人生观、价值观

任务引入

在物流系统中，输送系统是一种把入库作业场、出库作业场、包装分拣、码垛场地及暂存货架等有机地联系起来，并完成物品的分拣和流通的系统。如今带式输送机在物流行业的运输和分拣中应用越来越广泛，它能有效地提高物流的货物运输效率。电机是带式输送机中的动力元件，对带式输送机的控制就是通过控制电机来进行的，

项目四　物流自动化电气控制技术	班级：________
任务一　低压控制电器及电机驱动技术	姓名：________
	日期：________

主要是要完成对电机的启动、停止、正反转（方向）及速度的继电器控制。下图是三相异步电机正反转控制的电气原理，通过本任务的学习，学生可以掌握三相异步电机正反转控制的电气原理。

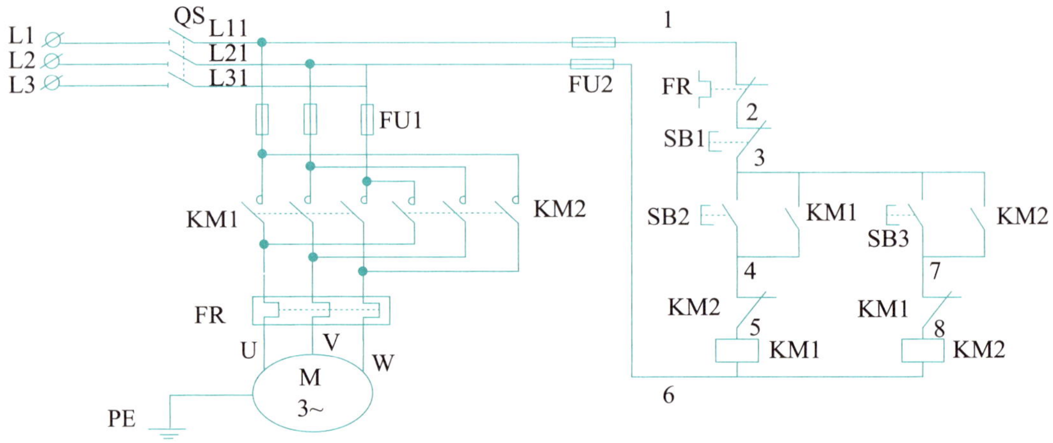

三相异步电机正反转控制的电气原理

项目四　物流自动化电气控制技术

任务一　低压控制电器及电机驱动技术

班级：__________

姓名：__________

日期：__________

任务分组

<table>
<tr><td>班级</td><td></td><td>组号</td><td></td><td>组长</td><td></td></tr>
<tr><td rowspan="6">小组成员</td><td>姓名</td><td>学号</td><td>姓名</td><td colspan="2">学号</td></tr>
<tr><td></td><td></td><td></td><td colspan="2"></td></tr>
<tr><td></td><td></td><td></td><td colspan="2"></td></tr>
<tr><td></td><td></td><td></td><td colspan="2"></td></tr>
<tr><td></td><td></td><td></td><td colspan="2"></td></tr>
<tr><td></td><td></td><td></td><td colspan="2"></td></tr>
<tr><td colspan="6">任务分工：</td></tr>
</table>

项目四　物流自动化电气控制技术

任务一　低压控制电器及电机驱动技术

班级：__________

姓名：__________

日期：__________

工作准备

1. 准备流程

打开手机微信“扫一扫”功能

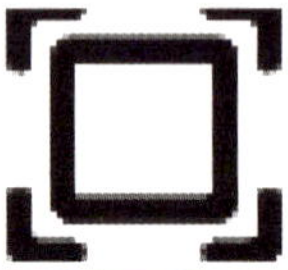

扫描课程二维码，自学课程内容

回答问题

2. 知识链接

低压控制电器及电机驱动技术

3. 回答引导问题

引导问题 1：什么是物流自动化中的电气控制？

答：

引导问题 2：物流自动化中的电气控制技术有哪些？

答：

项目四　物流自动化电气控制技术	班级：________
任务一　低压控制电器及电机驱动技术	姓名：________
	日期：________

工作实施

1. 实施流程

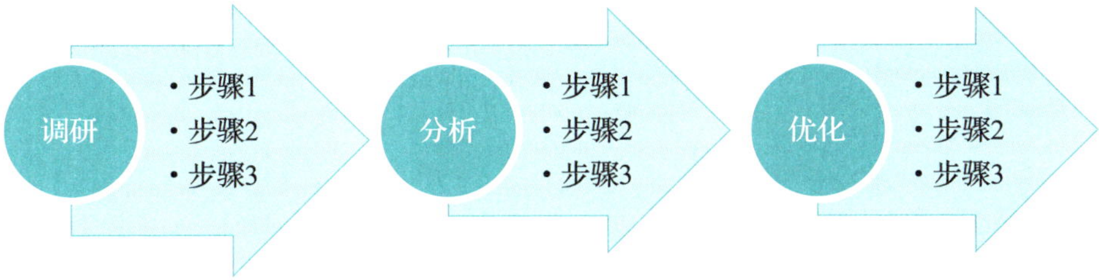

2. 实施步骤

（1）常用的低压控制电器和电机有哪些？

答：

（2）写出三相异步电机正反转控制的工作过程。

答：

项目四　物流自动化电气控制技术	班级：______
任务一　低压控制电器及电机驱动技术	姓名：______
	日期：______

评价反馈

1. 评价流程

学生自评 → 教师综合评价 → 评价反馈

2. 评价表

综合评价表

班级：		姓名：	学号：		
项目四　物流自动化电气控制技术		任务一　低压控制电器及电机驱动技术			
项目		评价标准	分值	学生自评	教师评价
考勤		未出现无故迟到、早退、旷课现象	10		
工作过程	引导问题1：什么是物流自动化中的电气控制？	能理解物流自动化中的电气控制的概念	20		
	引导问题2：物流自动化中的电气控制技术有哪些？	能说出物流自动化中的电气控制技术	10		
	实施步骤（1）：常用的低压控制电器和电机分析	能说出常用的低压控制电器和电机	20		
	实施步骤（2）：三相异步电机正反转控制	能写出三相异步电机正反转控制的工作过程	20		
任务成果	工作态度	态度端正，工作认真，不会的问题能主动提问	5		
	工作完整	能按时完成任务	5		
	工作规范	能按规范要求绘制电路图	5		
	成果展示	能准确表达、汇报工作成果	5		
合计			100		
综合评价	自评 ×40%	教师评价 ×60%	综合得分		

项目四　物流自动化电气控制技术

任务二　PLC 编程技术

班级：____________
姓名：____________
日期：____________

导学地图

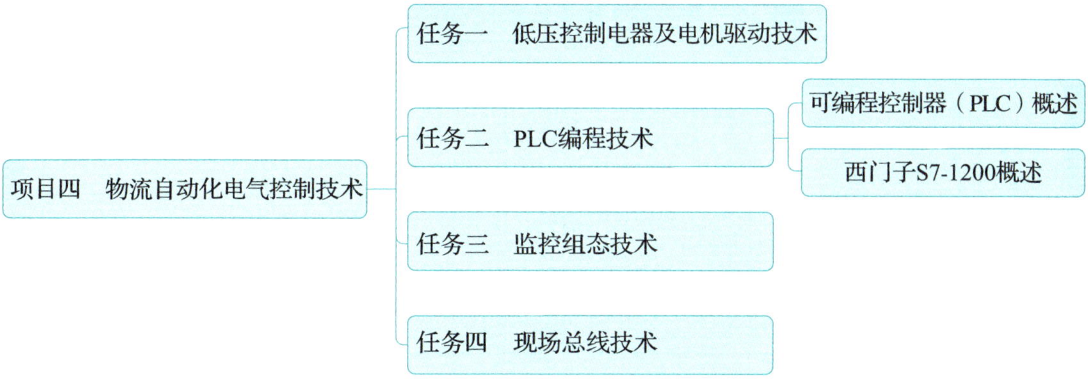

学习目标

通过本任务的学习，学生应达到如下目标：

知识目标	技能目标	能力目标	素质目标
1. 了解 PLC 的产生和发展 2. 了解 PLC 的特点 3. 了解 PLC 的工作原理 4. 了解西门子 S7-1200 的结构 5. 了解西门子 S7-1200 的开发环境	1. 能简述 PLC 的工作原理 2. 会简单操作博图软件	具备发现问题→分析问题→解决问题的能力	1. 培养学习新事物的能力 2. 培养良好的职业道德，以及踏实认真、积极努力的工作作风 3. 培养正确的世界观、人生观、价值观

任务引入

某食品厂的带式输送机在运输过程中突然停止运行了，小明过来检查，该带式输送机是用西门子 S7-1200 来进行驱动的，小明要先分析西门子 S7-1200 对带式输送机的基本控制过程，才能逐一排查故障。

项目四　物流自动化电气控制技术	班级：________
任务二　PLC 编程技术	姓名：________ 日期：________

任务分组

<table>
<tr><td>班级</td><td></td><td>组号</td><td></td><td>组长</td><td></td></tr>
<tr><td rowspan="6">小组
成员</td><td>姓名</td><td>学号</td><td>姓名</td><td colspan="2">学号</td></tr>
<tr><td></td><td></td><td></td><td colspan="2"></td></tr>
<tr><td></td><td></td><td></td><td colspan="2"></td></tr>
<tr><td></td><td></td><td></td><td colspan="2"></td></tr>
<tr><td></td><td></td><td></td><td colspan="2"></td></tr>
<tr><td></td><td></td><td></td><td colspan="2"></td></tr>
<tr><td colspan="6">任务分工：</td></tr>
</table>

项目四　物流自动化电气控制技术

班级：________

姓名：________

日期：________

任务二　PLC 编程技术

工作准备

1. 准备流程

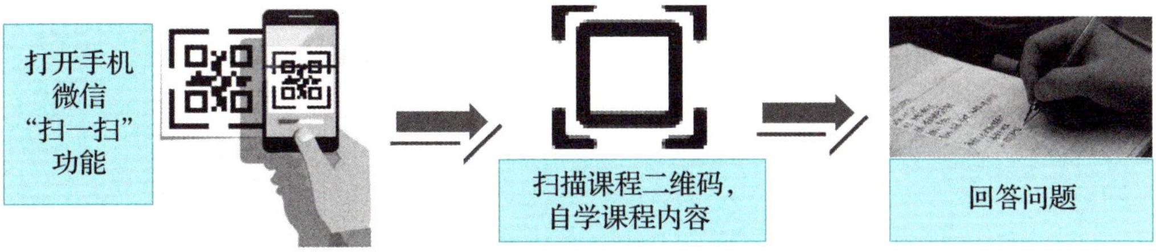

2. 知识链接

PLC 编程技术

3. 回答引导问题

引导问题 1：什么是 PLC？

答：

引导问题 2：简述 PLC 的工作原理。

答：

项目四　物流自动化电气控制技术	班级：__________
任务二　PLC 编程技术	姓名：__________ 日期：__________

引导问题 3：PLC 控制与继电器控制有什么区别？

答：

项目四　物流自动化电气控制技术	班级：________
任务二　PLC 编程技术	姓名：________ 日期：________

工作实施

1. 实施流程

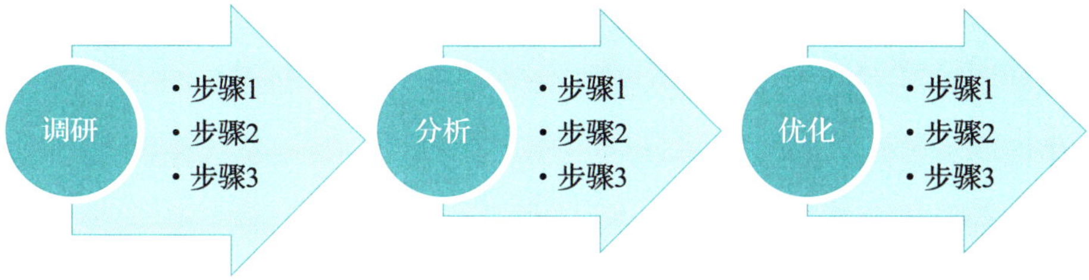

2. 实施步骤

（1）根据知识链接中的内容，尝试写出博图软件应用实例中的 I/O 分配表。

答：

（2）分析 PLC 控制电机的过程。

答：

项目四 物流自动化电气控制技术	班级：______
任务二 PLC 编程技术	姓名：______
	日期：______

评价反馈

1. 评价流程

学生自评 → 教师综合评价 → 评价反馈

2. 评价表

综合评价表

班级：		姓名：	学号：		
项目四 物流自动化电气控制技术			任务二 PLC 编程技术		
项目		评价标准	分值	学生自评	教师评价
考勤		未出现无故迟到、早退、旷课现象	10		
工作过程	引导问题 1：什么是 PLC？	能说出 PLC 的定义	10		
	引导问题 2：简述 PLC 的基本工作原理。	能简述 PLC 的基本工作原理	30		
	引导问题 3：PLC 控制与继电器控制有什么区别？	能说出 PLC 控制与继电器控制的区别	30		
任务成果	工作态度	态度端正，工作认真，不会的问题能主动提问	5		
	工作完整	能按时完成任务	5		
	工作规范	能按规范要求操作西门子 S7-1200	5		
	成果展示	能准确表达、汇报工作成果	5		
合计			100		
综合评价	自评 ×40%	教师评价 ×60%	综合得分		

项目四　物流自动化电气控制技术

任务三　监控组态技术

班级：__________
姓名：__________
日期：__________

导学地图

- 项目四　物流自动化电气控制技术
  - 任务一　低压控制电器及电机驱动技术
  - 任务二　PLC编程技术
  - 任务三　监控组态技术
    - 组态软件概述
    - 博图软件中HMI的使用
  - 任务四　现场总线技术

学习目标

通过本任务的学习，学生应达到如下目标：

知识目标	技能目标	能力目标	素质目标
1. 理解什么是组态 2. 了解组态软件的发展及现状 3. 掌握组态软件的特点	会简单操作博图软件中的 HMI	具备发现问题→分析问题→解决问题的能力	1. 培养学习新事物的能力 2. 培养良好的职业道德，以及踏实认真、积极努力的工作作风 3. 培养正确的世界观、人生观、价值观

任务引入

小明在检查带式输送机硬件后，对触摸屏上的监控画面及其所显示的运行状态进行了检查。小明可以查看哪些监控画面及数据呢？

项目四　物流自动化电气控制技术	班级：＿＿＿＿＿＿
任务三　监控组态技术	姓名：＿＿＿＿＿＿
	日期：＿＿＿＿＿＿

任务分组

班级		组号		组长	

小组成员

姓名	学号	姓名	学号

任务分工：

项目四　物流自动化电气控制技术

任务三　监控组态技术

班级：________
姓名：________
日期：________

工作准备

1. 准备流程

打开手机微信“扫一扫”功能

→

扫描课程二维码，自学课程内容

→

回答问题

2. 知识链接

监控组态技术

3. 回答引导问题

引导问题 1：什么是组态？

答：

引导问题 2：简述组态软件的作用及特点。

答：

项目四　物流自动化电气控制技术	班级：______
任务三　监控组态技术	姓名：______ 日期：______

引导问题 3：简述西门子 HMI 可视化监控的建立步骤。

答：

项目四　物流自动化电气控制技术

任务三　监控组态技术

班级：__________

姓名：__________

日期：__________

工作实施

1. 实施流程

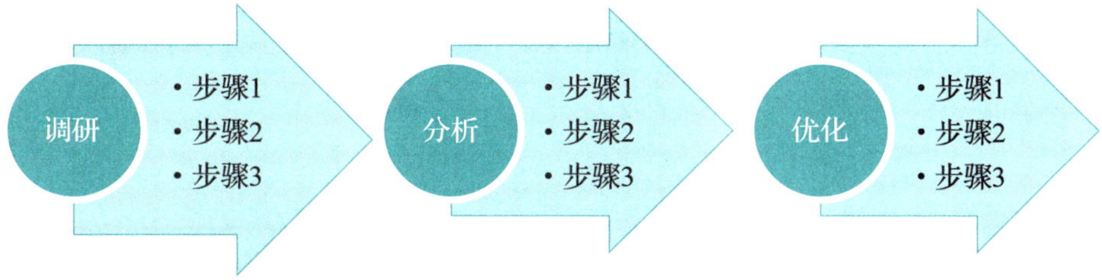

2. 实施步骤

（1）写出组态软件的功能。

答：

（2）分析组态软件所能显示的电机运行状态。

答：

项目四　物流自动化电气控制技术

任务三　监控组态技术

班级：________
姓名：________
日期：________

评价反馈

1. 评价流程

学生自评 → 教师综合评价 → 评价反馈

2. 评价表

综合评价表

<table>
<tr><td colspan="2">班级：</td><td colspan="2">姓名：</td><td colspan="2">学号：</td></tr>
<tr><td colspan="3">项目四　物流自动化电气控制技术</td><td colspan="3">任务三　监控组态技术</td></tr>
<tr><td colspan="2">项目</td><td>评价标准</td><td>分值</td><td>学生自评</td><td>教师评价</td></tr>
<tr><td colspan="2">考勤</td><td>未出现无故迟到、早退、旷课现象</td><td>10</td><td></td><td></td></tr>
<tr><td rowspan="3">工作过程</td><td>引导问题 1：什么是组态？</td><td>能说出组态的定义</td><td>10</td><td></td><td></td></tr>
<tr><td>引导问题 2：简述组态软件的作用及特点。</td><td>能简述组态软件的作用和特点</td><td>30</td><td></td><td></td></tr>
<tr><td>引导问题 3：简述西门子 HMI 可视化监控的建立步骤。</td><td>能说出西门子 HMI 可视化监控的建立步骤</td><td>30</td><td></td><td></td></tr>
<tr><td rowspan="4">任务成果</td><td>工作态度</td><td>态度端正，工作认真，不会的问题能主动提问</td><td>5</td><td></td><td></td></tr>
<tr><td>工作完整</td><td>能按时完成任务</td><td>5</td><td></td><td></td></tr>
<tr><td>工作规范</td><td>能按规范要求操作博图软件</td><td>5</td><td></td><td></td></tr>
<tr><td>成果展示</td><td>能准确表达、汇报工作成果</td><td>5</td><td></td><td></td></tr>
<tr><td colspan="3">合计</td><td>100</td><td></td><td></td></tr>
<tr><td rowspan="2">综合评价</td><td>自评 ×40%</td><td>教师评价 ×60%</td><td colspan="3">综合得分</td></tr>
<tr><td></td><td></td><td colspan="3"></td></tr>
</table>

项目四　物流自动化电气控制技术

任务四　现场总线技术

班级：________

姓名：________

日期：________

导学地图

- 项目四　物流自动化电气控制技术
  - 任务一　低压控制电器及电机驱动技术
  - 任务二　PLC编程技术
  - 任务三　监控组态技术
  - 任务四　现场总线技术
    - 现场总线的定义和特点
    - 现场总线控制系统的结构
    - 常见的现场总线技术
    - 工业以太网现场总线技术
    - PROFINET现场总线介绍

学习目标

通过本任务的学习，学生应达到如下目标：

知识目标	技能目标	能力目标	素质目标
1. 理解什么是现场总线控制 2. 了解现场总线控制系统的结构 3. 了解常见的几种现场总线技术 4. 了解工业以太网现场总线技术 5. 了解 PROFINET 现场总线技术	能列举几种常见的现场总线技术	1. 具备发现问题→分析问题→解决问题的能力 2. 具备使用常见的现场总线技术的能力	1. 培养学习新事物的能力 2. 培养良好的职业道德，以及踏实认真、积极努力的工作作风 3. 培养正确的世界观、人生观、价值观

任务引入

小明在检查带式输送机故障时，发现带式输送机的数据运行状态都会实时显示出来，询问了专家后才知道是因为其中应用了 PROFINET 现场总线技术。他想进一步对物流自动化系统中的现场总线技术进行了解，该怎么做呢？

项目四　物流自动化电气控制技术	班级：________
任务四　现场总线技术	姓名：________
	日期：________

任务分组

班级		组号		组长	

小组成员	姓名	学号	姓名	学号

任务分工：

项目四　物流自动化电气控制技术

任务四　现场总线技术

班级：________

姓名：________

日期：________

工作准备

1. 准备流程

打开手机微信“扫一扫”功能

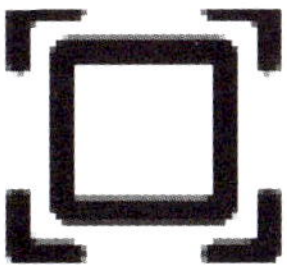

扫描课程二维码，自学课程内容

回答问题

2. 知识链接

现场总线技术

3. 回答引导问题

引导问题 1：什么是现场总线技术？

答：

引导问题 2：常用的现场总线技术有哪些？

答：

项目四　物流自动化电气控制技术

任务四　现场总线技术

班级：______________
姓名：______________
日期：______________

引导问题 3：PROFINET 的通信方式有哪些？

答：

项目四　物流自动化电气控制技术	班级：________
任务四　现场总线技术	姓名：________ 日期：________

工作实施

1. 实施流程

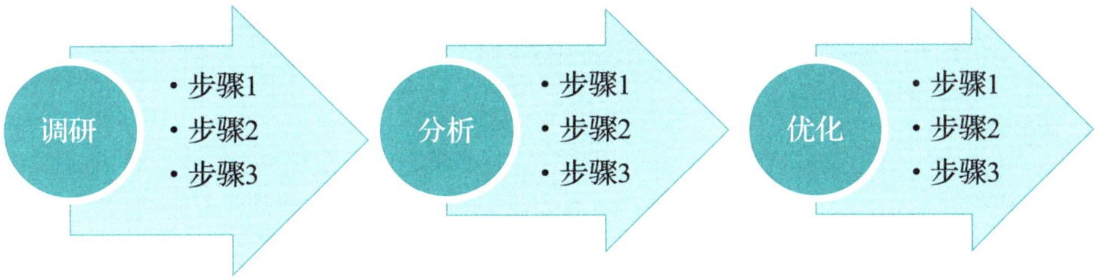

2. 实施步骤

（1）写出总线控制的含义。

答：

（2）写出利用博图软件进行 PROFINET 通信设置的步骤。

答：

项目四　物流自动化电气控制技术	班级：______
任务四　现场总线技术	姓名：______
	日期：______

评价反馈

1. 评价流程

学生自评 → 教师综合评价 → 评价反馈

2. 评价表

综合评价表

班级：		姓名：	学号：		
项目四　物流自动化电气控制技术			任务四　现场总线技术		
项目		评价标准	分值	学生自评	教师评价
考勤		未出现无故迟到、早退、旷课现象	10		
工作过程	引导问题 1：什么是现场总线技术？	能说出现场总线技术的定义和特点	20		
	引导问题 2：常用的现场总线技术有哪些？	能列举常用的现场总线技术	20		
	引导问题 3：PROFINET 的通信方式有哪些？	能说出 PROFINET 的通信方式	30		
任务成果	工作态度	态度端正，工作认真，不会的问题能主动提问	5		
	工作完整	能按时完成任务	5		
	工作规范	能按规范要求进行现场总线设置	5		
	成果展示	能准确表达、汇报工作成果	5		
合计			100		
综合评价	自评 ×40%	教师评价 ×60%	综合得分		

项目小结

项目五　物流自动化系统及分类

任务一　自动化立库系统

班级：__________

姓名：__________

日期：__________

导学地图

学习目标

通过本任务的学习，学生应达到如下目标：

知识目标	技能目标	能力目标	素质目标
1. 熟悉常见的物流自动化系统 2. 熟悉自动化立库系统的组成 3. 掌握自动化立库系统业务流程	1. 能说出常见的自动化立库系统 2. 能进行自动化立库系统的出库、入库操作	1. 具备发现问题→分析问题→解决问题的能力 2. 具备选择自动化立库系统的能力	1. 培养学习新事物的能力 2. 培养良好的职业道德，以及踏实认真、积极努力的工作作风 3. 培养正确的世界观、人生观、价值观

任务引入

小李是某知名物流企业的仓储管理员，他每天都要处理大量订单，频繁地进行入库、上架、出库等作业，然而他在工作中总是不能做到得心应手，不是对订单处理业务不熟练，就是对仓储系统流程不熟悉，不能很好地操作系统，所以总是无法提高作业效率。下面就让我们和小李一起来学习如何操作自动化立库系统吧！

项目五　物流自动化系统及分类	班级：________
任务一　自动化立库系统	姓名：________ 日期：________

任务分组

<table>
<tr><td>班级</td><td></td><td>组号</td><td></td><td>组长</td><td></td></tr>
<tr><td>小组成员</td><td colspan="5">
<table>
<tr><th>姓名</th><th>学号</th><th>姓名</th><th>学号</th></tr>
<tr><td></td><td></td><td></td><td></td></tr>
<tr><td></td><td></td><td></td><td></td></tr>
<tr><td></td><td></td><td></td><td></td></tr>
<tr><td></td><td></td><td></td><td></td></tr>
<tr><td></td><td></td><td></td><td></td></tr>
</table>
</td></tr>
<tr><td colspan="6">任务分工：</td></tr>
</table>

项目五　物流自动化系统及分类

任务一　自动化立库系统

班级：____________

姓名：____________

日期：____________

工作准备

1. 准备流程

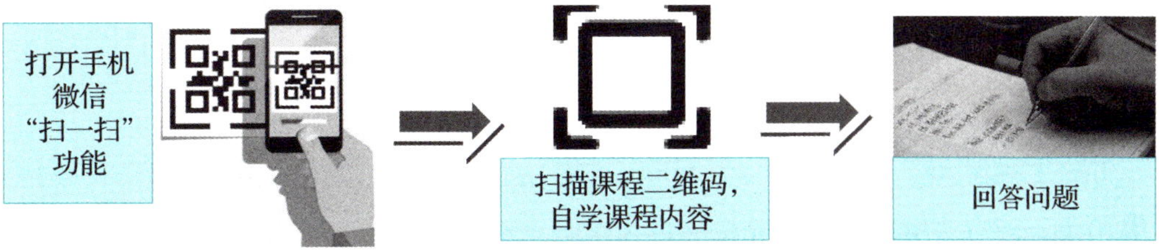

2. 知识链接

自动化立库系统

3. 回答引导问题

引导问题 1：什么是自动化立库系统？

答：

引导问题 2：自动化立库系统由哪些部分组成？

答：

项目五　物流自动化系统及分类

任务一　自动化立库系统

班级：__________
姓名：__________
日期：__________

引导问题 3：简述自动化立库系统的工作原理。

答：

引导问题 4：自动化立库系统的操作步骤是怎样的？

答：

项目五　物流自动化系统及分类	班级：________
任务一　自动化立库系统	姓名：________
	日期：________

工作实施

1. 实施流程

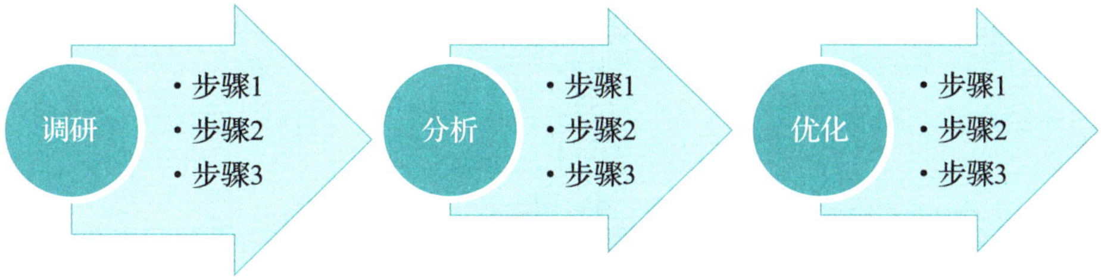

2. 实施步骤

（1）小组分工合作，调研某一物流企业自动化立库系统的使用情况。

答：

（2）请找出所调研企业自动化立库系统在运行中存在的问题。

答：

（3）请写出自动化立库系统的基本结构组成和操作步骤。

答：

项目五　物流自动化系统及分类

任务一　自动化立库系统

班级：________
姓名：________
日期：________

评价反馈

1. 评价流程

学生自评 → 教师综合评价 → 评价反馈

2. 评价表

综合评价表

班级：		姓名：	学号：		
项目五　物流自动化系统及分类			任务一　自动化立库系统		
项目		评价标准	分值	学生自评	教师评价
考勤		未出现无故迟到、早退、旷课现象	10		
工作过程	引导问题1：什么是自动化立库系统？	能说出自动化立库系统的定义	10		
	引导问题2：自动化立库系统由哪些部分组成？	能说出自动化立库系统的结构组成	20		
	引导问题3：简述自动化立库系统的工作原理。	能说出自动化立库系统的工作原理	20		
	引导问题4：自动化立库系统的操作步骤是怎样的？	能操作自动化立库系统	20		
任务成果	工作态度	态度端正，工作认真，不会的问题能主动提问	5		
	工作完整	能按时完成任务	5		
	工作规范	能按规范要求绘制自动化立库系统简图	5		
	成果展示	能准确表达、汇报工作成果	5		
合计			100		
综合评价	自评 ×40%	教师评价 ×60%	综合得分		

项目五　物流自动化系统及分类

任务二　自动分拣系统

班级：__________

姓名：__________

日期：__________

导学地图

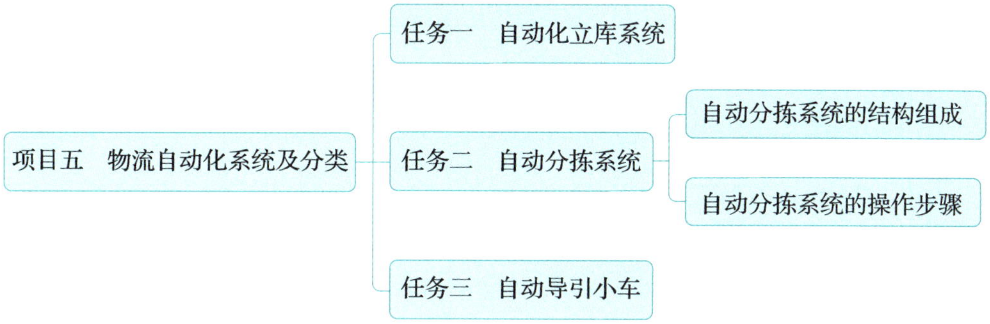

学习目标

通过本任务的学习，学生应达到如下目标：

知识目标	技能目标	能力目标	素质目标
1. 了解常见的自动分拣系统 2. 熟悉自动分拣系统的基本组成 3. 熟悉常见的自动分拣模式 4. 掌握自动分拣的原理	能根据不同的领域选择合适的自动分拣系统	1. 具备发现问题→分析问题→解决问题的能力 2. 具备操作和维护自动分拣设备的能力	1. 培养学习新事物的能力 2. 培养良好的职业道德，以及踏实认真、积极努力的工作作风 3. 培养正确的世界观、人生观、价值观

任务引入

小方大学毕业后到一家知名物流公司工作，该公司业务范围涵盖运输、仓储、分拣、配送等环节，其中仓储、分拣、配送自动化程度较高。小方作为分拣中心分拣业务部的新员工，在上手分拣业务时要先了解和学习分拣的相关知识，熟悉自动分拣系统的基本组成、分拣模式、分拣原理等，以便工作时能够得心应手。接下来就让我们和小方一起来学习如何操作和使用自动分拣系统吧！

项目五　物流自动化系统及分类	班级：________
任务二　自动分拣系统	姓名：________ 日期：________

任务分组

班级		组号		组长	

小组成员	姓名	学号	姓名	学号

任务分工：

项目五　物流自动化系统及分类

任务二　自动分拣系统

班级：__________

姓名：__________

日期：__________

工作准备

1. 准备流程

打开手机微信“扫一扫”功能

扫描课程二维码，自学课程内容

回答问题

2. 知识链接

自动分拣系统

3. 回答引导问题

引导问题 1：什么是自动分拣系统？

答：

引导问题 2：自动分拣系统由哪些部分组成？

答：

项目五　物流自动化系统及分类

任务二　自动分拣系统

班级：＿＿＿＿＿＿
姓名：＿＿＿＿＿＿
日期：＿＿＿＿＿＿

引导问题 3：自动分拣系统的特征是什么？

答：

引导问题 4：自动分拣系统的流程是怎样的？

答：

项目五　物流自动化系统及分类	班级：________
任务二　自动分拣系统	姓名：________
	日期：________

工作实施

1. 实施流程

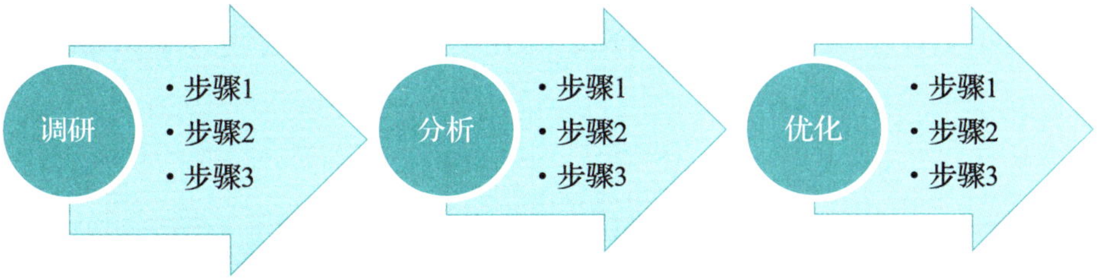

2. 实施步骤

（1）调研当地某一家物流企业的自动分拣系统使用情况。

答：

（2）请找出所调研企业自动分拣系统在运行中存在的问题。

答：

（3）请针对所调研企业自动分拣系统在使用过程中存在的问题提出解决方案。

答：

项目五　物流自动化系统及分类

任务二　自动分拣系统

班级：

姓名：

日期：

评价反馈

1. 评价流程

学生自评 → 教师综合评价 → 评价反馈

2. 评价表

综合评价表

班级：		姓名：	学号：		
项目五　物流自动化系统及分类			任务二　自动分拣系统		
项目		评价标准	分值	学生自评	教师评价
考勤		未出现无故迟到、早退、旷课现象	10		
工作过程	引导问题 1：什么是自动分拣系统？	能说出常见的自动分拣系统	10		
	引导问题 2：自动分拣系统由哪些部分组成？	能说出自动分拣系统的基本组成	20		
	引导问题 3：自动分拣系统的特征是什么？	能说出自动分拣系统的特征	20		
	引导问题 4：自动分拣系统的流程是怎样的？	能操作自动分拣系统	20		
任务成果	工作态度	态度端正，工作认真，不会的问题能主动提问	5		
	工作完整	能按时完成任务	5		
	工作规范	能按规范要求绘制自动分拣系统简图	5		
	成果展示	能准确表达、汇报工作成果	5		
合计			100		
综合评价	自评 ×40%	教师评价 ×60%	综合得分		

项目五　物流自动化系统及分类

任务三　自动导引小车

班级：____________

姓名：____________

日期：____________

导学地图

- 项目五　物流自动化系统及分类
  - 任务一　自动化立库系统
  - 任务二　自动分拣系统
  - 任务三　自动导引小车
    - AGV的系统组成
    - AGV的工作原理

学习目标

通过本任务的学习，学生应达到如下目标：

知识目标	技能目标	能力目标	素质目标
1. 了解 AGV 的发展历史 2. 了解 AGV 的发展模式 3. 理解 AGV 的系统组成 4. 了解 AGV 的应用和发展趋势	能根据不同的工作领域选择合适的 AGV	1. 具备发现问题→分析问题→解决问题的能力 2. 具备使用和维护 AGV 的能力	1. 培养学习新事物的能力 2. 培养良好的职业道德，以及踏实认真、积极努力的工作作风 3. 培养正确的世界观、人生观、价值观

任务引入

在学习自动分拣的相关知识时，一种先进的自动分拣设备——自动导引小车（AGV）引起了小方的注意，他想进一步了解 AGV 的系统组成、技术发展、应用场景等，以便工作时能够得心应手。下面就让我们和小方一起来学习如何操作和使用 AGV 吧！

项目五　物流自动化系统及分类	班级：________
任务三　自动导引小车	姓名：________
	日期：________

任务分组

班级		组号		组长	
小组成员	姓名	学号	姓名	学号	
任务分工：					

项目五　物流自动化系统及分类	班级：________
任务三　自动导引小车	姓名：________
	日期：________

工作准备

1. 准备流程

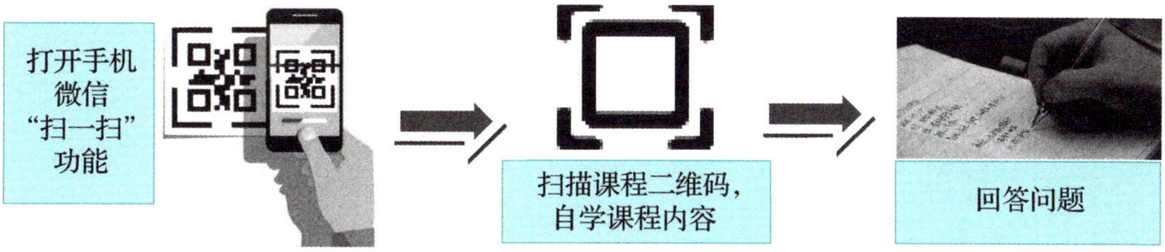

2. 知识链接

自动导引小车

3. 回答引导问题

引导问题 1：什么是 AGV？

答：

引导问题 2：AGV 系统由哪些部分组成？

答：

项目五　物流自动化系统及分类	班级：________
任务三　自动导引小车	姓名：________ 日期：________

引导问题 3：AGV 的工作原理是什么？

答：

引导问题 4：AGV 系统由哪些部分组成？

答：

项目五　物流自动化系统及分类	班级：________
任务三　自动导引小车	姓名：________ 日期：________

工作实施

1. 实施流程

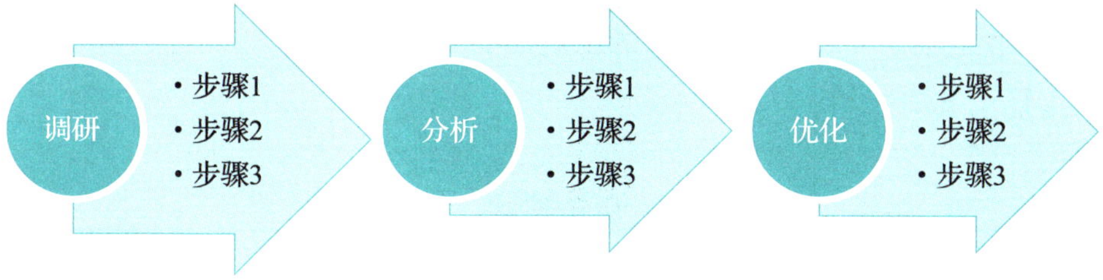

2. 实施步骤

（1）调研当地某一物流企业的 AGV 使用情况。

答：

（2）请找出所调研企业 AGV 在运行中存在的问题。

答：

（3）请针对所调研企业 AGV 在使用过程中存在的问题提出解决方案。

答：

项目五　物流自动化系统及分类	班级：________
任务三　自动导引小车	姓名：________ 日期：________

评价反馈

1. 评价流程

学生自评 → 教师综合评价 → 评价反馈

2. 评价表

综合评价表

<table>
<tr><td colspan="2">班级：</td><td colspan="2">姓名：</td><td colspan="3">学号：</td></tr>
<tr><td colspan="3">项目五　物流自动化系统及分类</td><td colspan="4">任务四　自动导引小车</td></tr>
<tr><td colspan="2">项目</td><td colspan="2">评价标准</td><td>分值</td><td>学生自评</td><td>教师评价</td></tr>
<tr><td colspan="2">考勤</td><td colspan="2">未出现无故迟到、早退、旷课现象</td><td>10</td><td></td><td></td></tr>
<tr><td rowspan="4">工作过程</td><td>引导问题 1：什么是 AGV？</td><td colspan="2">能说出 AGV 的概念</td><td>10</td><td></td><td></td></tr>
<tr><td>引导问题 2：AGV 可以应用于哪些场合？</td><td colspan="2">能说出 AGV 的应用场合</td><td>20</td><td></td><td></td></tr>
<tr><td>引导问题 3：AGV 的工作原理是什么？</td><td colspan="2">能说出 AGV 的工作原理</td><td>20</td><td></td><td></td></tr>
<tr><td>引导问题 4：AGV 系统由哪些部分组成？</td><td colspan="2">能说出 AGV 的系统组成</td><td>20</td><td></td><td></td></tr>
<tr><td rowspan="4">任务成果</td><td>工作态度</td><td colspan="2">态度端正，工作认真，不会的问题能主动提问</td><td>5</td><td></td><td></td></tr>
<tr><td>工作完整</td><td colspan="2">能按时完成任务</td><td>5</td><td></td><td></td></tr>
<tr><td>工作规范</td><td colspan="2">能按规范要求操作 AGV</td><td>5</td><td></td><td></td></tr>
<tr><td>成果展示</td><td colspan="2">能准确表达、汇报工作成果</td><td>5</td><td></td><td></td></tr>
<tr><td colspan="4">合计</td><td>100</td><td></td><td></td></tr>
<tr><td rowspan="2">综合评价</td><td>自评 ×40%</td><td colspan="2">教师评价 ×60%</td><td colspan="3">综合得分</td></tr>
<tr><td></td><td colspan="2"></td><td colspan="3"></td></tr>
</table>

项目小结

项目六 物流自动化应用及实践典型案例

任务一 某航空公司航材自动化立体库

班级：________
姓名：________
日期：________

导学地图

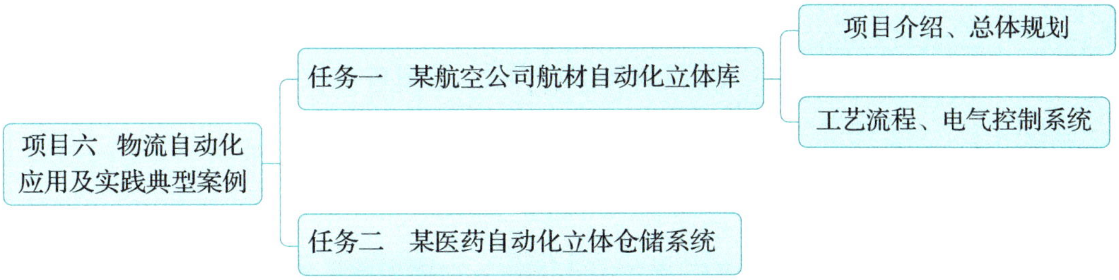

学习目标

通过本任务的学习，学生应达到如下目标：

知识目标	技能目标	能力目标	素质目标
1. 理解物流自动化系统的基本理论 2. 理解物流自动化系统集成规划的基本知识 3. 了解现代物流系统中基本的自动化立库系统	1. 能掌握自动化立库系统的实际运作过程 2. 能操作自动化立库系统	1. 具备发现问题→分析问题→解决问题的能力 2. 具备维护自动化立库系统的能力	1. 培养学习新事物的能力 2. 培养良好的职业道德，以及踏实认真、积极努力的工作作风 3. 培养正确的世界观、人生观、价值观

任务引入

某航空公司将我国新修建的某机场作为基地进行建设。新机场建设的项目涵盖机组出勤、综合办公、机务维修、航空货运、航空食品等功能板块，可以保障百架规模机队运行。为提高其航材的自动化管理水平，提高作业效率，新基地需要建设全新的航材自动化立体库。全自动化航材立体库建设是一个新的课题，在国内及国际上都少有案例。建设全自动化航材立体库有什么要求？具体有哪些作业流程？需要什么样的自动化设备？接下来让我们一起来学习。

项目六　物流自动化应用及实践典型案例

任务一　某航空公司航材自动化立体库

班级：________
姓名：________
日期：________

任务分组

<table>
<tr><td>班级</td><td></td><td>组号</td><td></td><td>组长</td><td></td></tr>
<tr><td rowspan="6">小组成员</td><td>姓名</td><td>学号</td><td>姓名</td><td>学号</td><td></td></tr>
<tr><td></td><td></td><td></td><td></td><td></td></tr>
<tr><td></td><td></td><td></td><td></td><td></td></tr>
<tr><td></td><td></td><td></td><td></td><td></td></tr>
<tr><td></td><td></td><td></td><td></td><td></td></tr>
<tr><td></td><td></td><td></td><td></td><td></td></tr>
<tr><td colspan="6">任务分工：</td></tr>
</table>

项目六　物流自动化应用及实践典型案例	班级：________
任务一　某航空公司航材自动化立体库	姓名：________ 日期：________

工作准备

1. 准备流程

打开手机微信“扫一扫”功能

扫描课程二维码，自学课程内容

回答问题

2. 知识链接

某航空公司航材自动化立体库

3. 回答引导问题

引导问题 1：简述航材自动化立体库的建设步骤。

答：

引导问题 2：简述航材自动化立体库的功能分区。

答：

项目六　物流自动化应用及实践典型案例

任务一　某航空公司航材自动化立体库

班级：__________
姓名：__________
日期：__________

引导问题 3：简述航材自动化立体库的作业流程。

答：

项目六　物流自动化应用及实践典型案例

任务一　某航空公司航材自动化立体库

班级：____________

姓名：____________

日期：____________

工作实施

1. 实施流程

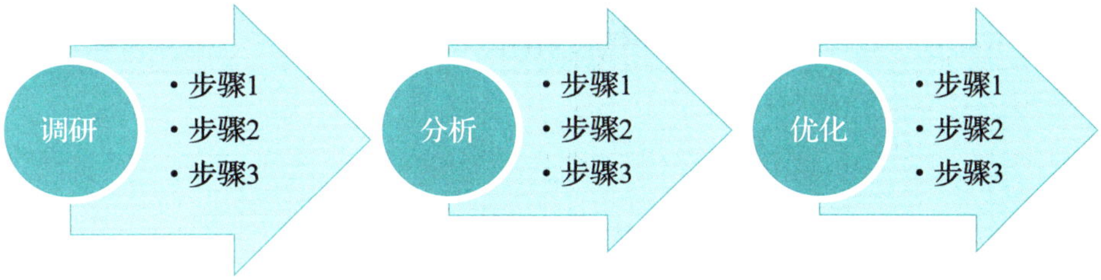

2. 实施步骤

（1）调研国内任意一家航空公司航材自动化立体库运营现状。

答：

（2）请找出所调研航空公司航材自动化立体库运营中存在的问题。

答：

（3）请写出所调研航空公司航材自动化立体库的基本结构组成。

答：

项目六　物流自动化应用及实践典型案例

任务一　某航空公司航材自动化立体库

班级：

姓名：

日期：

评价反馈

1. 评价流程

学生自评 → 教师综合评价 → 评价反馈

2. 评价表

综合评价表

<table>
<tr><td colspan="2">班级：</td><td>姓名：</td><td colspan="3">学号：</td></tr>
<tr><td colspan="3">项目六　物流自动化应用及实践典型案例</td><td colspan="3">任务一　某航空公司航材自动化立体库</td></tr>
<tr><td colspan="2">项目</td><td>评价标准</td><td>分值</td><td>学生自评</td><td>教师评价</td></tr>
<tr><td colspan="2">考勤</td><td>未出现无故迟到、早退、旷课现象</td><td>10</td><td></td><td></td></tr>
<tr><td rowspan="3">工作过程</td><td>引导问题1：简述航材自动化立体库的建设步骤。</td><td>能说出航材自动化立体库的建设步骤</td><td>20</td><td></td><td></td></tr>
<tr><td>引导问题2：简述航材自动化立体库的功能分区。</td><td>能说出航材自动化立体库的几个主要功能分区</td><td>20</td><td></td><td></td></tr>
<tr><td>引导问题3：简述航材自动化立体库的作业流程。</td><td>能说出航材自动化立体库的主要作业流程</td><td>30</td><td></td><td></td></tr>
<tr><td rowspan="4">任务成果</td><td>工作态度</td><td>态度端正，工作认真，不会的问题能主动提问</td><td>5</td><td></td><td></td></tr>
<tr><td>工作完整</td><td>能按时完成任务</td><td>5</td><td></td><td></td></tr>
<tr><td>工作规范</td><td>能按规范要求绘制航材自动化立体库简图</td><td>5</td><td></td><td></td></tr>
<tr><td>成果展示</td><td>能准确表达、汇报工作成果</td><td>5</td><td></td><td></td></tr>
<tr><td colspan="3">合计</td><td>100</td><td></td><td></td></tr>
<tr><td rowspan="2">综合评价</td><td>自评 ×40%</td><td>教师评价 ×60%</td><td colspan="3">综合得分</td></tr>
<tr><td></td><td></td><td colspan="3"></td></tr>
</table>

项目六　物流自动化应用及实践典型案例

任务二　某医药自动化立体仓储系统

班级：______________

姓名：______________

日期：______________

导学地图

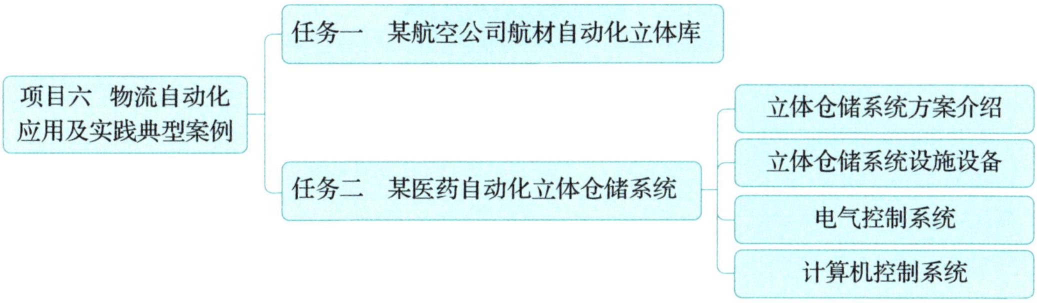

学习目标

通过本任务的学习，学生应达到如下目标：

知识目标	技能目标	能力目标	素质目标
1. 了解自动化立体仓储系统的应用 2. 理解自动化立体仓储系统集成规划的基本知识 3. 掌握自动化立体仓储系统设施设备集成的基本原理	能操作自动化立体仓储系统	1. 具备发现问题→分析问题→解决问题的能力 2. 具备维护自动化立体仓储系统设备的能力	1. 培养学习新事物的能力 2. 培养良好的职业道德，以及踏实认真、积极努力的工作作风 3. 培养正确的世界观、人生观、价值观

任务引入

仓储配送中心将仓储和配送合二为一，大大提高了物流效率。某医药公司为拓展业务规模、提高物流效率，新建了自动化立体仓储物流配送中心，包括五个位于不同区域的立体仓储系统，分别为一个中央配送中心，以及四个区域配送中心。该公司旨在通过自动化立体仓储物流配送中心的建设，改善当地药品及医疗器械监管混乱的状况，提升医药管理与物流配送的自动化能力，实现更为科学、合理的医药管理与配送。新建自动化立体仓储物流配送中心有什么要求？具体有哪些作业流程？需要配置什么样的自动化仓储设备？接下来让我们一起来学习。

项目六　物流自动化应用及实践典型案例

任务二　某医药自动化立体仓储系统

班级：________
姓名：________
日期：________

任务分组

班级		组号		组长	
小组成员	姓名	学号	姓名	学号	
任务分工：					

项目六　物流自动化应用及实践典型案例

任务二　某医药自动化立体仓储系统

班级：＿＿＿＿＿＿＿＿

姓名：＿＿＿＿＿＿＿＿

日期：＿＿＿＿＿＿＿＿

工作准备

1. 准备流程

打开手机微信“扫一扫”功能

扫描课程二维码，自学课程内容

回答问题

2. 知识链接

某医药自动化立体仓储系统

3. 回答引导问题

引导问题 1：医药自动化立体仓储系统在药品行业应用的意义是什么？

答：

引导问题 2：医药自动化立体仓储系统的工作流程是怎样的？

答：

项目六　物流自动化应用及实践典型案例

任务二　某医药自动化立体仓储系统

班级：__________
姓名：__________
日期：__________

引导问题 3：医药自动化立体仓储系统有哪些功能？

答：

引导问题 4：医药自动化立体仓储系统的发展方向有哪些？

答：

项目六　物流自动化应用及实践典型案例

任务二　某医药自动化立体仓储系统

班级：________________

姓名：________________

日期：________________

工作实施

1. 实施流程

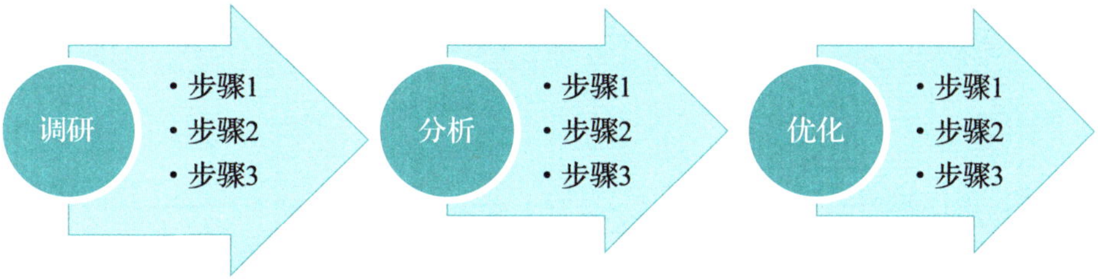

2. 实施步骤

（1）调研某企业医药自动化立体仓储系统的使用情况。

答：

（2）请找出该医药自动化立体仓储系统的不足之处。

答：

（3）请写出该医药自动化立体仓储系统的升级建议。

答：

项目六　物流自动化应用及实践典型案例

任务二　某医药自动化立体仓储系统

班级：__________
姓名：__________
日期：__________

评价反馈

1. 评价流程

学生自评 → 教师综合评价 → 评价反馈

2. 评价表

综合评价表

班级：		姓名：	学号：		
项目六　物流自动化应用及实践典型案例			任务二　某医药自动化立体仓储系统		
项目		评价标准	分值	学生自评	教师评价
考勤		未出现无故迟到、早退、旷课现象	10		
工作过程	引导问题 1：医药自动化立体仓储系统在药品行业应用的意义是什么？	了解医药自动化立体仓储系统建设的积极意义	10		
	引导问题 2：医药自动化立体仓储系统的工作流程是怎样的？	能说出医药自动化立体仓储系统的主要工作流程	20		
	引导问题 3：医药自动化立体仓储系统有哪些功能？	能够简述医药自动化立体仓储系统的主要功能	30		
	引导问题 4：医药自动化立体仓储系统的发展方向有哪些？	能够了解医药自动化立体仓储系统未来的发展方向	10		
任务成果	工作态度	态度端正，工作认真，不会的问题能主动提问	5		
	工作完整	能按时完成任务	5		
	工作规范	能按规范要求绘制医药自动化立体仓储系统简图	5		
	成果展示	能准确表达、汇报工作成果	5		
合计			100		
综合评价	自评 ×40%	教师评价 ×60%	综合得分		

项目小结

参考文献

［1］朱卫锋．物流自动化技术及应用［M］．武汉：华中科技大学出版社，2013．

［2］朱宏辉．物流自动化系统设计及应用［M］．北京：化学工业出版社，2005．

［3］张烨．物流自动化系统［M］．杭州：浙江大学出版社，2009．

［4］肖军，孟令军．可编程控制器原理及应用［M］．北京：清华大学出版社，2008．

［5］陈海霞，等．西门子 S7-300/400 PLC 编程技术及工程应用［M］．北京：机械工业出版社，2011．

［6］蒋长兵，白丽君．物流自动化识别技术［M］．北京：中国物资出版社，2009．

［7］张成海，张铎，赵守香．条码技术与应用：本科分册［M］．北京：清华大学出版社，2010．

［8］董丽华，等．RFID 技术与应用［M］．北京：电子工业出版社，2008．

［9］李天文，等．GPS 原理及应用［M］．3 版．北京：科学出版社，2015．

［10］陆守一，陈飞翔．地理信息系统［M］．2 版．北京：高等教育出版社，2017．

［11］李建伟，郭宏．监控组态软件的设计与开发［M］．北京：冶金工业出版社，2007．

［12］张桂香，姚存治．组态软件及应用项目式教程［M］．北京：机械工业出版社，2019．

［13］鲁晓春．仓储自动化［M］．北京：清华大学出版社，2002．

［14］刘源，杨茉．现代物流技术与设备［M］．北京：中国财政经济出版社，2020．

［15］韩建海．工业机器人［M］．4 版．武汉：华中科技大学出版社，2019．